Argonautas

Maggie Nelson

—

Argonautas

1ª reimpressão

TRADUÇÃO: Rogério Bettoni

autêntica *Arg*Os

Copyright © 2015 Maggie Nelson
Copyright © 2017 Autêntica Editora

Título original: *The Argonauts*

Todos os direitos reservados pela Autêntica Editora Ltda. Nenhuma parte desta publicação poderá ser reproduzida, seja por meios mecânicos, eletrônicos, seja via cópia xerográfica, sem a autorização prévia da Editora.

COORDENADOR DA COLEÇÃO ARGOS
Rogério Bettoni

EDITORAS
Cecília Martins
Rafaela Lamas

REVISÃO
Aline Sobreira

CAPA
Diogo Droschi
(sobre imagem de Arctic Ice / Shutterstock)

DIAGRAMAÇÃO
Waldênia Alvarenga

Dados Internacionais de Catalogação na Publicação (CIP)
(Câmara Brasileira do Livro, SP, Brasil)

Nelson, Maggie
 Argonautas / Maggie Nelson ; tradução Rogério Bettoni. -- 1. ed.; 1. reimp. -- Belo Horizonte : Autêntica, 2022. -- (Argos, 1)

 Título original: The Argonauts
 ISBN 978-85-513-0248-4

 1. Famílias 2. Identidade de gênero 3. Minorias sexuais - Famílias 4. Nelson, Maggie, 1973 - Família 5. Teoria Queer I. Título. II. Série.

17-05003
CDD-306.8508664

Índices para catálogo sistemático:
 1. Família : Estudos de gênero : Teoria queer : Memórias 306.8508664

Belo Horizonte
Rua Carlos Turner, 420
Silveira . 31140-520
Belo Horizonte . MG
Tel.: (55 31) 3465 4500

São Paulo
Av. Paulista, 2.073 . Conjunto Nacional
Horsa I . Sala 309 . Cerqueira César
01311-940 . São Paulo . SP
Tel.: (55 11) 3034 4468

www.grupoautentica.com.br
SAC: atendimentoleitor@grupoautentica.com.br

para Harry

Outubro, 2007. Os ventos de Santa Ana passam arrancando longas tiras brancas da casca dos eucaliptos. Eu e uma amiga resolvemos almoçar ao ar livre, nos entregando à sorte de alguma árvore solta. Ela me sugere tatuar as palavras A DIFÍCIL na frente dos dedos como lembrete dos possíveis frutos que minha pose escondia. Em vez disso, as palavras *Eu te amo* saltam da minha boca como feitiço quando você me fode por trás pela primeira vez, minha cara esmagada contra o piso do seu úmido e fascinante apartamento de solteiro. Você tinha um *Molloy* na cabeceira e um monte de caralhos no banheiro, dentro do box abandonado e mal iluminado. Tem como ficar melhor? *O que te dá prazer?*, você perguntou, até conseguir uma resposta.

Antes de nos conhecermos, passei a vida acreditando que o inexpressável está contido – inexprimivelmente! – no expressado, como dizia Wittgenstein. Essa ideia tem menos efeito do que outra, *Sobre aquilo de que não se pode falar, deve-se calar*, mas, para mim, é mais profunda. De um jeito bem literal, seu paradoxo define *por que escrevo*, ou por que me sinto capaz de continuar escrevendo.

Pois não alimenta ou exalta qualquer angústia que porventura a gente sinta quando incapaz de expressar, em palavras, aquilo que delas escapa. Pois não pune o que pode ser dito por aquilo que, por definição, não pode ser. Tampouco exagera imitando um aperto na garganta: *Ah, o que eu não diria fossem as palavras boas o suficiente.* Palavras são boas o suficiente.

É inútil culpar a rede por ter buracos, diz minha enciclopédia.

A gente pode varrer o chão batido de uma igreja vazia até tirar toda a poeira, e ao mesmo tempo manter o brilho espetacular dos vitrais no teto. Porque nada que a gente diz pode desgraçar o espaço de Deus.

Já falei disso em outro lugar. O que tento dizer agora é diferente.

Não demorei a descobrir que você também se prendeu durante toda uma vida à convicção de que as palavras *não* são boas o suficiente. E, como se não bastasse, que corroem tudo que é bom, tudo que é real, tudo que é fluxo. Tivemos várias discussões por causa disso – discussões acaloradas, não maldosas. Quando nomeamos alguma coisa, você disse, nunca mais a vemos do mesmo jeito. Tudo que não podemos nomear se desfaz, se perde, morre. Você chamou esse aspecto específico da nossa mente de "função enformadora". Disse que a aprendeu não se afastando da linguagem, mas mergulhando nela – na tela, em conversas, no palco, na página. Seguindo o raciocínio de Thomas Jefferson e as igrejas, argumentei em prol da abundância, da mudança caleidoscópica, do excesso. Insisti que as palavras faziam mais do que nomear. Li para você o início de *Investigações filosóficas*. *Laje*, gritei, *laje!*

Ludwig
Wittgenstein

Durante um tempo, achei que eu tinha ganhado. Você concordou que devia haver um ser humano ok, um animal humano ok, mesmo que esse ser humano usasse a linguagem, mesmo que por usar a linguagem estivesse de algum modo definindo sua condição humana – mesmo que a própria condição humana significasse destruir e incendiar a preciosa diversidade de um planeta inteiro, levando junto seu futuro, nosso futuro.

Mas eu também mudei. Pensei de novo nas coisas inomináveis, ou pelo menos nas coisas cuja essência é centelha, fluxo. Reafirmei a tristeza da nossa provável extinção, e a injustiça da extinção dos outros, provocada por nós. Parei de repetir, presunçosa, que *Tudo que pode ser em geral pensado pode ser pensado claramente* e me perguntei, mais uma vez, se tudo pode ser pensado. <small>Wittgenstein</small>

E você, o que quer que argumentasse, nunca fingia ter um aperto na garganta. Na verdade, você corria pelo menos a uma volta na minha frente, deixando um rastro de palavras no caminho. Como eu haveria de te alcançar (com o que quero dizer: *como você poderia me querer?*)?

Um ou dois dias depois da minha declaração de amor, hoje de uma vulnerabilidade brutal, eu te mandei o trecho de *Roland Barthes por Roland Barthes* em que Barthes descreve como o sujeito que diz "Eu te amo" se parece com "o Argonauta que renova seu navio durante a viagem, sem lhe mudar o nome". Assim como as partes do *Argo* são trocadas com o tempo sem que o barco deixe de se chamar *Argo*, o significado de "Eu te amo" deve ser renovado a cada uso da frase pelo amante, pois "a própria tarefa do amor e da linguagem consiste em dar a uma mesma frase inflexões sempre novas".

Eu achava o trecho romântico. Você o interpretou como um possível recuo. Pensando bem, acho que era as duas coisas.

Você abriu um furo na minha solidão, eu lhe disse. Era uma solidão útil, talvez criada em torno de uma sobriedade recente, de longas caminhadas pelas travessas de Hollywood cobertas de buganvílias, chegando até o clube YMCA para depois voltar, de idas e vindas dirigindo pela Mulholland para matar as noites intermináveis e, é claro, de surtos maníacos de escrita, aprendendo a não interpelar ninguém. Mas havia chegado a hora do furo na minha solidão. *Sinto que posso me entregar por completo sem ter de me entregar*, sussurrei em sua cama no porão. Quando se extrai o máximo da própria solidão, esse é o prêmio que se recebe.

Alguns meses depois, passamos o Natal num hotel no centro de São Francisco. Eu tinha reservado nosso quarto pela internet na esperança de que a reserva e o tempo que passaríamos hospedadas fariam você me amar para sempre. Acabou que a diária tinha sido barata porque o hotel passava por uma reforma inacreditavelmente desagradável, além de estar cravado bem no meio do centro das drogas que é Tenderloin. Não importa – tínhamos outras coisas com que nos ocupar. O sol atravessava os buracos da persiana esfarrapada, mal ocultando os pedreiros que batiam martelo do lado de fora enquanto nós nos ocupávamos do lado de dentro. *Só não me mate*, eu disse quando você tirou o cinto de couro, sorrindo.

Tentei de novo depois do Barthes, dessa vez com o trecho de um poema de Michael Ondaatje:

> Beijando a barriga
> beijando teu barco de pele
> cicatrizado. A história
> é aquilo em que tu viajaste
> e carregas contigo
>
> Tivemos nós a nossa barriga
> beijada por estranhos
> que o outro desconhece
>
> quanto a mim
> abençoo cada um
> que te beijaste aqui

Não enviei o trecho por eu já ter conquistado essa serenidade. Enviei-o desejando que um dia eu pudesse – que um dia eu tivesse menos ciúmes e conseguisse olhar, sem sentir desgosto ou desunião, o nome e o rosto de outrem tatuados na sua pele. (No início, fizemos uma visita romântica à clínica de estética Dr. Tattoff, na Wilshire Boulevard, radiantes com a perspectiva de renovar sua pele removendo as tattoos. O preço e a possibilidade de a tinta nunca sair por completo nos decepcionou.)

Depois do almoço, minha amiga que havia sugerido a tatuagem de A DIFÍCIL me leva até o escritório e propõe procurarmos seu nome no Google. Ela quer ver se descobrimos na internet com qual pronome você prefere que eu te chame, pois apesar ou por causa do fato de dividirmos na cama todos os nossos momentos livres e já falarmos em morar sob o mesmo teto, eu não consigo perguntar. Em contraposição, aprendi rapidamente a evitar os pronomes. O segredo é treinar o ouvido a não dar atenção sempre que escutar o nome da pessoa. Você precisa aprender a se abrigar nos becos sem saída da gramática, a relaxar na orgia da especificidade. Aprender a aceitar que existe uma instância além do Dois, precisamente quando se tenta constituir uma união – nupcial, inclusive. *As núpcias são o oposto de um casal. Cessam de existir as máquinas binárias: pergunta-resposta, masculino-feminino, homem-animal, etc. Isso poderia ser o que é uma conversa – simplesmente o traçado de um devir.* Gilles Deleuze/ Claire Parnet

Por mais que a gente se especialize numa conversa desse tipo, até hoje me é quase impossível reservar uma passagem de avião ou resolver alguma coisa com o departamento de recursos humanos em nosso nome sem ser atingida por uma rápida vergonha ou desorientação. Não que a vergonha ou a desorientação sejam minhas – é mais como se eu me irritasse ou sentisse vergonha pela pessoa que não para de tirar conclusões erradas e precisa ser corrigida, mas que não pode ser corrigida porque as palavras não são boas o suficiente.

Como as palavras podem não ser boas o suficiente?

Deitada no chão do escritório e entregue à paixão, olho de lado para minha amiga que vai rolando na tela um massacre radiante de informações elogiosas que não quero ver. Quero a sua versão que ninguém mais vê, tão íntima que a terceira pessoa não se faça sequer necessária. "Olha, aqui tem uma frase do John Waters dizendo que 'ela é muito boa-pinta'. Acho que você deveria usar 'ela'. Afinal, é o *John Waters*." *Isso foi há anos*, digo, desviando os olhos do chão. *Hoje pode ser diferente.*

Durante a escrita de *By Hook or By Crook*, seu filme sobre a amizade entre duas lésbicas masculinizadas – duas *butches* –, você e Silas Howard decidiram que os personagens se tratariam por "ele", mas que no mundo lá fora, na sociedade e entre autoridades, as pessoas as tratariam por "ela". Não é que tudo seria perfeito se o mundo soubesse adequadamente o pronome que os personagens preferiam. Porque se as pessoas de fora os tratassem usando "ele", seria um tipo diferente de "ele". As palavras mudam de acordo com quem as fala; não há remédio para isso. Não basta introduzir palavras novas (*boi, cisgênero, andro-fag*) e começar a reificar seus significados (embora nisso obviamente exista poder e pragmatismo). É preciso também prestar atenção à multiplicidade de usos possíveis, de contextos possíveis, as asas com que cada palavra pode voar. Como quando você sussurra *Você é só um buraco, deixa eu te encher inteira.* Como quando eu digo *marido*.

Logo depois de começarmos a sair juntas, fomos a um jantar no qual uma mulher (presumivelmente heterossexual, ou pelo menos num casamento heterossexual) que conhecia Harry havia algum tempo me perguntou: "Então, você já tinha ficado com outra mulher antes de Harry?". Fiquei em choque. Sem se intimidar, ela continuou: "Então, é que as héteros sempre acham Harry um tesão". Harry era uma mulher? Eu era uma hétero? O que minhas relações passadas com "outras mulheres" tinham em comum com essa? Por que eu tinha de pensar em outras "mulheres héteros" que achavam meu Harry um tesão? Será que eu estava envolvida pelo feitiço de sua força sexual, que eu já sabia ser imensa, e acabaria abandonada quando ele partisse para novas conquistas? Por que essa mulher, que eu mal conhecia, falava comigo desse jeito? Harry ia demorar a voltar do banheiro?

Tem gente que se incomoda com a história de que Djuna Barnes, em vez de se identificar como lésbica, preferia dizer que "só amou Thelma". Gertrude Stein supostamente declarou coisas parecidas sobre Alice, embora sem usar os mesmos termos. Eu entendo por que essa atitude é politicamente enlouquecedora, mas também sempre a achei um pouco romântica – o romance de deixar que uma experiência de desejo individual preceda uma categórica. Esse caso me lembra o historiador da arte T. J. Clark, quando defende para interlocutores imaginários seu próprio interesse no pintor setecentista Nicolas Poussin: "Dizer que o interesse em Poussin é nostálgico ou elitista é como dizer, por exemplo, que o interesse que temos por quem nos é mais importante é profundamente 'heterossexista' (ou 'homossexista'), ou 'exclusivo', ou 'de posse'. Sim, pode ser verdade: em linhas gerais, os parâmetros podem ser esses, e lamentáveis; mas o interesse em si pode ainda ser mais completo e humano – pode ainda carregar uma possibilidade e uma compaixão humanas maiores –

do que os interesses não contaminados por qualquer afeto ou compulsão". Aqui, como em qualquer outro contexto, a contaminação *potencializa* em vez de invalidar.

Além disso, todo mundo sabe que Barnes e Stein se relacionaram com outras mulheres além de Thelma e Alice. E Alice também sabia: quando descobriu que *Q. E. D.*, primeiro romance escrito por Stein, contava a história codificada de um triângulo amoroso envolvendo Stein e uma certa May Bookstaver, Alice, que também era datilógrafa e editora de Stein, ficou com tanto ciúme que usou de todas as suas artimanhas para modificar as ocorrências da palavra *May* [maio] ou *may* [pode] quando passou a limpo o *Stanzas in Meditation*, de Stein – gesto que se tornou quase automático depois disso.

Em fevereiro saí dirigindo pela cidade, olhando apartamento atrás de apartamento, tentando encontrar algum que tivesse o tamanho suficiente para nós duas e seu filho, que eu ainda não conhecia. Por fim, encontramos uma casa numa colina, com piso de madeira escura e brilhante, com a vista de uma montanha e um aluguel alto demais. No dia em que pegamos as chaves, a vertigem foi tanta que dormimos em cima de um cobertor fininho estendido no piso de madeira do que se tornaria nosso primeiro quarto.

Aquela vista. Podia até ser um morro coberto pela mata seca com uma poça de água parada no topo, mas, durante dois anos, foi a nossa montanha.

E foi assim que, de uma hora para a outra, eu estava dobrando as roupas do seu filho. Ele tinha acabado de completar três anos. Aquelas meinhas! Aquelas cuequinhas! Eu ficava olhando maravilhada para as roupas, preparava chocolate quente com uma pitadinha de cacau em pó, brincava com ele de Soldadinho Morto durante horas a fio. Passando-se por soldado, ele se jogava no chão, todo armado e equipado – capacete com cota de malha feita de lantejoulas, espada, bainha, braço ferido na batalha e amarrado com um lenço. Eu era a Bruxa Azul boazinha que salpicava o pozinho mágico em cima dele e o trazia de volta. E eu tinha uma irmã gêmea que era má e o havia enfeitiçado com um pozinho venenoso. Mas agora eu estava lá para salvá-lo. Ele ficava deitado, imóvel, de olhos fechados, com o mais leve sorriso no rosto, enquanto eu recitava meu monólogo: *De onde será que veio esse soldado? Como foi parar tão longe de casa? Será que está muito machucado? Ele será bonzinho ou maldoso quando acordar? Ele vai saber que sou boa ou vai me confundir com minha irmã gêmea má? O que posso dizer para ele voltar?*

Durante todo o outono, cartazes e outdoors amarelos pedindo VOTE SIM PELA PROPOSIÇÃO 8[1] brotaram em todos os lugares, mais notavelmente numa montanha limpa e lindíssima por onde eu passava todos os dias indo para o trabalho. A propaganda tinha o desenho de quatro bonequinhos-palito com os braços para o alto, como num surto de alegria – a alegria da heteronormatividade, imagino, demonstrada pelo fato de um dos bonecos ter um triângulo como saia. (*O que é aquele* Eileen Myles *triângulo, afinal? Minha vulva?*) PROTEJAM AS CRIANÇAS CALIFORNIANAS!, aclamavam os bonequinhos.

Toda vez que eu passava pelo *outdoor* cravado naquela montanha inocente, eu pensava na fotografia *Self-Portrait/Cutting*, de 1993 – Catherine Opie fotografou as próprias costas, onde havia entalhado o desenho de uma casa junto com duas bonecas

---

[1] A Proposição 8 foi um referendo realizado em 2008 no estado da Califórnia, Estados Unidos, para banir o casamento entre pessoas do mesmo sexo. A medida, aprovada por 52% dos eleitores, alterou a Constituição do estado. (N.T.)

de palitinho de mãos dadas (duas saias de triângulo!), um sol, uma nuvem e dois passarinhos. Ela tirou a foto enquanto o desenho ainda sangrava. "Opie, que tinha acabado de terminar um relacionamento, queria muito constituir uma família na época, e a imagem irradia todas as dolorosas contradições inerentes desse desejo", explica a *Art in America*.

Não entendo, disse eu para Harry. Quem ia querer uma versão do cartaz da Proposição 8, mas com duas saias de triângulo?

Talvez a Cathy, disse Harry, e deu de ombros.

Uma vez escrevi um livro sobre domesticidade na poesia de certos homens gays (Ashbery, Schuyler) e de algumas mulheres (Mayer, Notley). Eu morava num sótão minúsculo e muito quente no Brooklyn, em Nova York, numa avenida que ficava em cima da linha F do metrô. Eu tinha um aquecedor inutilizável cheio de fezes de rato secas, uma geladeira vazia a não ser por umas cervejas e barras de amendoim com mel e iogurte, uma placa de compensado mal equilibrada em caixotes de plástico com um futon em cima fazendo as vezes de cama e um assoalho por onde eu escutava *Stand clear of the closing doors* de manhã, de tarde e de noite. Eu passava aproximadamente sete horas por dia deitada na cama nesse apartamento, quando muito. Geralmente dormia em outros lugares. Escrevia quase tudo e lia quase tudo em público, assim como estou agora escrevendo em público.

Eu estava tão feliz morando de aluguel havia tanto tempo em Nova York, porque morar de aluguel – pelo menos do jeito que eu morava, sem nunca levantar um dedo para melhorar o ambiente – permite que você deixe o mundo literalmente desabar à sua volta. Quando fica insuportável, basta se mudar.

Muitas feministas defenderam *o fim da esfera doméstica como* Susan
Fraiman *esfera exclusiva e inerentemente feminina, e o reconhecimento da domesticidade como esfera ética, sentimental, estética, pública.* Não tenho certeza do que significaria exatamente esse reconhecimento, mas acho que, no meu livro, busquei algo parecido – talvez porque eu não vivia e gostava de não viver numa esfera doméstica.

Eu gostava de Soldadinho Morto porque me dava tempo para aprender o rosto de seu filho quando quieto, em silêncio: os olhos grandes e amendoados, a pele dando os primeiros sinais de sarda. E claramente ele descobria um prazer novo e renovado em simplesmente ficar ali, protegido por uma armadura imaginária, enquanto uma quase estranha que rapidamente se tornava da família lhe virava os braços e as pernas tentando encontrar a ferida.

Há pouco tempo, uma amiga veio nos visitar e pegou uma caneca que minha mãe havia me dado de presente. É uma daquelas que se compram pela internet na Snapfish, personalizadas com uma fotografia à escolha. Eu a tinha achado horrorosa quando a recebi, mas como é a maior caneca que temos, decidimos guardá-la para o caso de alguém querer tomar um balde inteiro de leite ou alguma outra coisa.

Uau, minha amiga disse, enchendo-a de café. *Nunca vi uma coisa tão heteronormativa em toda minha vida.*

A fotografia da caneca mostrava minha família e eu, prontos para assistir ao balé *O Quebra-Nozes* no Natal – um ritual importante para minha mãe quando eu era pequena e que revivemos com ela agora que há crianças na minha vida. Na fotografia eu estou grávida de sete meses do que viria a ser Iggy, usando um rabo de cavalo alto e vestido de oncinha; Harry e o filho estão de terno escuro combinado, elegantíssimos. Estamos na frente da lareira, na casa da minha mãe, na qual havia meias penduradas – cada uma bordada com as iniciais dos nossos nomes. Parecemos felizes.

Mas no que consiste a essência da heteronormatividade? No fato de minha mãe encomendar uma caneca num serviço burguês como o Snapfish? De estarmos claramente participando, ou concordando em participar, da longa tradição de tirar uma foto de família durante um feriado usando nossa melhor roupa? De minha mãe me comprar a caneca para dizer um pouco que reconhece e aceita minha tribo como família? E minha gravidez – ela é inerentemente heteronormativa? Ou a suposta oposição entre queer e procriação (ou, para ser mais clara, maternidade) é mais um endosso reacionário de como as coisas sempre se deram para os queers do que a marca de alguma verdade ontológica? À medida que mais queers tiverem filhos, essa suposta oposição vai simplesmente desaparecer? Você vai sentir falta dela?

Existe alguma coisa inerentemente queer na gravidez em si, na medida em que ela altera profundamente o nosso estado "normal" e gera uma intimidade radical com – e uma alienação radical do – nosso corpo? Como uma experiência tão profundamente estranha, maluca e transformadora também pode simbolizar ou representar a conformidade suprema? Ou seria essa apenas mais uma forma de desqualificar do termo privilegiado (nesse caso, a não conformidade, ou a radicalidade) tudo que está ligado muito intimamente ao animal fêmea? E quanto ao fato de Harry não ser nem macho nem fêmea? *Sou especial – dois por um*, explica a personagem Valentine em *By Hook or By Crook*.

Judith Butler Quando ou como *novos sistemas de parentesco são um arremedo de antigas estruturas de família nuclear* e quando ou como eles radicalmente as recontextualizam de modo a constituir um repensar do parentesco? É possível dizer? – ou melhor, quem haverá de dizer? *Diga para sua namorada encontrar outra criança para brincar de casinha*, dizia sua ex quando fomos morar juntas.

Pode ser boa a sensação de se alinhar com o real ao mesmo tempo que se insinua que os outros estão brincando, fazendo uma simulação, vivendo um arremedo. Mas qualquer reivindicação inflexível de autenticidade, principalmente quando ligada a uma identidade, também beira a psicose. *Se um homem que se acredita rei é louco, não menos louco é o rei* Jacques Lacan *que se acredita rei.*

Talvez por isso me comova tanto a noção de "sentir-se real", de D. W. Winnicott. Pode-se almejar sentir-se real, pode-se ajudar os outros a se sentirem reais e pode-se sentir-se real – um sentimento que Winnicott descreve como a sensação primária e coletiva da vitalidade, "a vitalidade dos tecidos corporais e da atuação das funções do corpo, incluindo a ação do coração e a respiração", o que torna possível o gesto espontâneo. Para Winnicott, sentir-se real não é uma reação a estímulos externos, tampouco uma identidade. É uma sensação – uma sensação que se espalha. Entre outras coisas, ela nos faz querer viver.

Algumas pessoas gostam de se alinhar com uma identidade, como em *You make me feel like a natural woman* [Você me faz sentir como uma mulher de verdade] – que ganhou fama com Aretha Franklin e, depois, com Judith Butler, que se concentrou na instabilidade gerada pela comparação. Para outras pessoas, no entanto, alinhar-se dessa maneira pode ser pavoroso, até mesmo uma impossibilidade. *Não é possí-* Denise Riley *vel viver 24 horas por dia mergulhada na consciência imediata do próprio sexo. Misericordiosamente, a natureza da autoconsciência de gênero é bruxuleante.*

Tenho um amigo que pensa no gênero como uma cor. O gênero e a cor têm em comum certa indeterminação ontológica: não é correto dizer que um objeto *é* uma cor, nem que o objeto *tem* uma cor. O contexto também a modifica: *todos os gatos são pardos*, etc. A cor também não é, a rigor, *voluntária*. Mas nenhuma dessas fórmulas quer dizer que o objeto em questão é *incolor*.

Butler *A leitura equivocada [de* Problemas de gênero*] é mais ou menos esta: eu posso me levantar de manhã, abrir o armário e decidir de qual gênero quero ser naquele dia. Posso pegar uma roupa e mudar meu gênero: estilizá-lo, e quando chegar a noite eu posso mudá-lo de novo e ser outra radicalmente diferente, e com isso temos quase uma mercadorização do gênero, o entendimento de assumir um gênero como um tipo de consumismo. [...] Mas toda minha argumentação era que a própria formação dos sujeitos, a própria formação das pessoas, pressupõe o gênero de certa maneira – que o gênero não se pode escolher e que a "performatividade" não é uma escolha radical e não é um voluntarismo. [...] A performatividade tem a ver com a repetição, quase sempre com a repetição de normas de gênero opressoras e dolorosas para forçar sua ressignificação. Isso não é liberdade, mas uma questão de como administrar a armadilha na qual o sujeito inevitavelmente se encontra.*

Você deveria responder dando outra caneca, refletiu minha amiga enquanto tomava o café. *Que tal uma daquelas fotos do parto, só com a cabeça ensanguentada do Iggy para fora, no auge do momento?* (Naquele mesmo dia, eu havia comentado que ficara um pouco chateada porque minha mãe não quis ver minhas fotos do parto; Harry então me lembrou que quase ninguém gosta de ver fotos de parto, pelo menos não as mais realistas. Fui obrigada a admitir que meus sentimentos passados em relação a fotos de parto confirmavam essa verdade. Mas na minha perturbação pós-parto, parir Iggy tinha sido uma conquista e tanto – e minha mãe não adorava se orgulhar das minhas conquistas? Ela mandou *plastificar* a página do *New York Times* que listava meu nome como bolsista do Guggenheim, pelo amor de Deus. Incapaz de pôr no lixo o "jogo americano do Guggenheim" (ingratidão), mas sem saber o que fazer com ele, deixei-o embaixo da cadeirinha do Iggy, aparando os restos de comida que ele deixa cair. Como a concepção do meu filho foi paga praticamente com o dinheiro da bolsa, toda vez que eu limpo da página algum floco de cereal ou uma florzinha de brócolis, sou atingida por uma leve sensação de justiça.)

Quando começamos a sair como um casal, enrubesci diversas vezes – minha sorte me deixava tonta e eu era incapaz de conter o sentimento tão óbvio e quase explosivo de ter conseguido tudo que sempre quis, tudo que havia de conseguir. *Bonito, brilhante, perspicaz, articulado, vigoroso, você.* Passávamos horas e horas no sofá vermelho, rindo, *A patrulha da felicidade vai aparecer e nos prender se continuarmos assim. Vai nos prender por termos sorte.*

E se onde estou é onde preciso estar? Antes de você, eu sempre ~Deborah Hay~ pensava nesse mantra como um meio de fazer as pazes com alguma situação chata, às vezes até catastrófica. Nunca imaginava que se aplicaria também à felicidade.

Em *The Cancer Journals*, Audre Lorde critica o imperativo ao otimismo e à felicidade que ela encontrou no discurso médico que cercava seu câncer de mama. "Será que na verdade eu estava lutando contra o alastramento de radiação, o racismo, o feminicídio, a contaminação química dos alimentos, a poluição ambiental, o abuso e a destruição psíquica dos nossos jovens, simplesmente para não ter de lidar com minha primeira e maior responsabilidade – ser feliz?", escreve Lorde. "Vamos buscar a 'alegria' em vez de alimentos sem agrotóxicos, ar puro e um futuro mais saudável num planeta habitável! Como se somente a felicidade pudesse nos proteger dos resultados da insanidade que é a indústria do lucro."

Sara Ahmed

A felicidade não é uma proteção, e certamente não é uma responsabilidade. *A liberdade de ser feliz restringe a liberdade humana quando não se é livre para não ser feliz.* Mas é possível transformar em hábito uma ou outra liberdade, e só você sabe qual delas escolheu.

A história do casamento de Mary e George Oppen é uma das únicas histórias heterossexuais que conheço cujo romantismo é ainda maior em virtude de o casamento ter sido uma fraude. Eis a história dos dois. Uma noite, em 1926, Mary e George saíram juntos – eles se conheciam muito pouco, de uma aula de poesia na faculdade. Como Mary se lembra: "Ele foi me buscar no Ford T de seu colega de quarto, nós fomos para o campo, ficamos conversando, fizemos amor e conversamos até de manhã. [...] Conversamos como eu nunca tinha conversado na vida, uma torrente". Quando voltaram para o alojamento na manhã seguinte, Mary foi expulsa, e George foi suspenso. Eles então partiram juntos, pedindo carona na estrada.

Antes de conhecer George, Mary era irredutivelmente contra o casamento, pois o considerava uma "armadilha desastrosa". Mas ela também sabia que viajar com George sem ser casada era um risco para os dois por causa da Lei Mann – uma das muitas na história dos Estados Unidos aprovadas aparentemente para coibir práticas claramente ruins, como a escravidão sexual, mas que na verdade era usada para perseguir quaisquer pessoas cujo relacionamento o Estado considerasse "imoral".

Então, em 1927, Mary se casou. E este é o relato que ela faz:

> Por mais que eu acreditasse fortemente que meu relacionamento com George não era problema do Estado, a ameaça de sermos presos na estrada nos apavorava, então resolvemos nos casar em Dallas. Uma moça que conheci me deu um vestido de veludo lilás, e o namorado dela, uma garrafa de gim. George pegou uma daquelas calças de golfe emprestada com seu colega de quarto, mas nós não tomamos o gim. Compramos uma aliança de 10 centavos e fomos até um palácio de justiça que ainda existe em Dallas, aquele de arenito vermelho. Demos o meu nome, Mary Colby, e o nome que George estava usando, "David Verdi", porque ele estava fugindo do pai.

E assim Mary Colby se casou com David Verdi, e não exatamente com George Oppen. Os dois fugiram tanto do Estado quanto da família abastada de George (que naquela altura havia contratado um detetive particular para encontrar os dois). A fuga se transformou numa réstia de luz que se infiltrou na casa dos dois durante os 57 anos seguintes. Cinquenta e sete anos contrariando o paradigma, com fervor.

Há muito que entendo de loucos e reis; há muito que entendo de se sentir real. Há muito tive sorte suficiente para me *sentir* real, não importa o quanto eu tenha sido diminuída ou quantas depressões eu tenha enfrentado no caminho. E há muito entendo que *o momento do orgulho queer é a recusa de sentir vergonha por testemunhar o outro com vergonha de você.*

Às vezes é preciso tomar conhecimento de uma coisa muitas e muitas vezes. Às vezes a gente esquece, depois lembra. Depois esquece, depois lembra. Depois esquece de novo.

O que se dá com o conhecimento também se dá com a presença.

Se o bebê pudesse falar com a mãe, diz Winnicott, ele poderia dizer:

> Encontro você;
> Você sobrevive ao que lhe faço à medida que a
> reconheço como não-eu;
> Uso você;
> Esqueço-me de você;
> Mas você se lembra de mim;
> Continuo me esquecendo de você;
> Perco você;
> Estou triste.

O conceito winnicottiano de mãe "suficientemente boa" está ressurgindo. Podemos vê-lo em diversos lugares, como em blogs sobre maternidade, a *graphic novel Você é minha mãe?*, de Alison Bechdel, além de pilhas e pilhas de teoria crítica. (Numa outra realidade, bem que meu livro poderia se chamar: *Por que Winnicott agora?*.)

Apesar de sua popularidade, ainda não existe uma série chamada *Obras completas de D. W. Winnicott*, com diversos volumes que intimidem o olhar. A obra de Winnicott tem de ser encontrada aos poucos – em pequenos pedaços contaminados pelo falatório de mães reais, ou por cenários nada acadêmicos, o que dificulta a consagração de Winnicott como grande referência na psicologia. Na contracapa de uma coletânea, vejo as seguintes fontes para os ensaios ali publicados: uma palestra na Nursery School Association of Great Britain and Northern Ireland; programas da BBC dedicados a mães; uma entrevista para um programa da BBC chamado *Woman's Hour;* conferências sobre amamentação; aulas dadas para parteiras; "cartas ao editor".

Sem dúvida, essas fontes simples e contaminadas ajudam a explicar por que, no primeiro ano de vida de Iggy, Winnicott foi o único psicólogo infantil que despertou meu interesse ou me foi de alguma relevância. O sadismo infantil mórbido e o "seio mau" de Klein, a arrasadora saga edipiana e o sobrecarregado *fort-da* de Freud, a dureza do Imaginário e do Simbólico de Lacan – de repente, todas essas ideias pareciam não ter a ousadia necessária para tratar da situação de ser um bebê, de cuidar de um bebê. *A castração e o Falo nos explicam as Verdades profundas da civilização ocidental ou apenas a verdade de como as coisas são e nem sempre deveriam ser?* Fico espantada e envergonhada de pensar que passei anos considerando essas perguntas não só compreensíveis, mas também convincentes.

Elizabeth Weed

Em virtude de toda essa seriedade falocêntrica, eu me encontrei à deriva numa atmosfera anti-interpretativa e de negligência. *No lugar de uma hermenêutica, precisamos de uma erótica da arte.* Mas até uma erótica parece pesada demais. Eu não quero um eros ou uma hermenêutica do meu bebê. Nenhum dos dois é sujo, nenhum dos dois é exultante o suficiente.

Susan Sontag

Você, que lê este texto, só ainda vive porque alguém, algum dia, policiou adequadamente o que você explorava com a boca. Perante tal fato, Winnicott sustenta a posição relativamente impassível de que não devemos nada a essas pessoas (geralmente mulheres, mas nem sempre). Mas devemos *a nós* "o reconhecimento intelectual do fato de que, no início, nós fomos absolutamente dependentes psicologicamente, e por absolutamente quero dizer absolutamente. Felizmente fomos supridos pela devoção comum".

Por "devoção comum" Winnicott quer dizer "devoção comum". "É uma banalidade dizer que com devotado quero simplesmente dizer devotado." Winnicott é um escritor para quem as palavras comuns são boas o suficiente.

ARGONAUTAS | 25

Assim que fomos morar na mesma casa, nos vimos diante do urgente dever de estabelecer um lar para o seu filho que fosse abundante e acolhedor – bom o suficiente – em vez de um lar desfeito ou em declínio. (Essa influência poética vem de um clássico das famílias queer, *Mom's House, Dad's House.*) Só que não foi bem assim – nós já sabíamos desse dever; na verdade, ele foi um dos motivos de nos mudarmos tão rápido. O que se tornou mais visível foi outra tarefa urgente, especificamente minha: a de aprender a ser madrasta. Isso, sim, é uma identidade potencialmente problemática! Meu padrasto teve lá suas falhas, mas cada palavra que proferi contra ele voltou para me assombrar, agora que entendo o que é ocupar e assumir essa posição.

Quando a pessoa é madrasta ou padrasto – não importa o quanto seja maravilhosa, o tanto de amor que tenha para dar, o quanto seja madura, inteligente, sábia ou bem-sucedida –, ela corre o risco estrutural de ser odiada ou alvo de ressentimentos, e não há muito que fazer, exceto resistir e se comprometer a plantar sementinhas de sensatez e amabilidade, apesar das merdas que possam aparecer no caminho. E não espere que o cultivo gere elogios: pais e mães são verdadeiros sacrossantos, mas padrastos e madrastas são intrusos, autossuficientes, malandros, poluentes, molestadores.

Toda vez que vejo a palavra *enteado* num obituário, como em "X deixa três filhos e dois enteados", ou sempre que uma pessoa conhecida diz algo do tipo: "Ah, me desculpe, não posso – vou visitar meu padrasto esse fim de semana", ou quando, nas Olimpíadas, a câmera passa pelo público e a narração diz "ali está a madrasta de X, torcendo junto", meu coração bate mais forte só de ouvir a revelação positiva daquele laço.

Quando penso no que mais me deixou magoada em relação ao meu padrasto, nunca é "ele me deu amor demais". Não – me magoa ele nunca ter demonstrado com segurança que gostava de morar comigo e com minha irmã (ele podia não gostar), por não me dizer com frequência que me amava (repetindo, ele podia não me amar – como diz um dos livros de autoajuda sobre padrastalidade e madrastralidade que comprei no início do nosso relacionamento: o amor é importante, mas não obrigatório), por não ser meu pai e por ir embora, depois de mais de 20 anos de casamento com minha mãe, sem se despedir propriamente.

Acho que você superestima a maturidade dos adultos, ele me escreveu em sua carta derradeira, a carta que me mandou só depois que eu sucumbi e lhe escrevi primeiro, após um ano de silêncio.

Por mais furiosa e magoada que eu estivesse por ele ter se afastado, sua observação estava corretíssima. Essa fatia da verdade, servida na última hora, acabou se tornando um novo capítulo da minha vida adulta, o capítulo em que entendi que a idade necessariamente não carrega nada consigo, exceto a si mesma. O resto é opcional.

Família Urso: a outra brincadeira favorita do meu enteado, que acontecia de manhã, ainda na cama. Ele era o Bebê Urso,[2] um ursinho com um problema de fala que o obrigava a dizer tudo com B (Primo Evan era Bimo Bevan, etc.). O Bebê Urso geralmente brincava em casa na companhia da família urso, que se divertia com a teimosia de sua pronúncia incorreta;

---

[2] Bebê Urso é uma referência ao personagem Baby Bear do programa educativo *Sesame Street*, exibido no Brasil como *Vila Sésamo*. Baby Bear tem um problema de fala que o faz trocar a letra "R" pela letra "W", algo correspondente ao que chamamos de "língua presa" no Brasil (com troca de "R" por "L"). (N.T.)

outras vezes ele se aventurava sozinho, tentando fisgar algum atum. Numa dessas manhãs, Bebê Urso me chamou de *Bombi* – relativo a *Mommy*, mas com uma diferença. Eu adorava a criatividade do Bebê Urso, que ainda persiste.

Não planejávamos nos casar no papel. Mas quando acordamos na manhã do dia 3 de novembro de 2008, véspera da votação, e ouvimos no rádio, preparando café, o resultado da pesquisa mais recente, levamos um choque: havia uma chance de a Proposição 8 ser aprovada. Nossa reação nos surpreendeu, pois ela revelava a confiança tola e passiva de que o arco do universo moral, por mais longo que seja, sempre tende para o lado da justiça. Mas a justiça real não tem coordenadas nem teleologia. Pesquisamos no Google "como se casar em Los Angeles" e fomos até a Prefeitura de Norwalk, onde o oráculo havia prometido que o ato seria consumado, e deixamos nossa criaturinha na creche, que ficava no caminho.

Quando já estávamos perto de Norwalk – *que lugar é esse onde a gente se meteu?* – passamos por diversas igrejas com variações de "um homem + uma mulher: do jeito que Deus quer" nas marquises. Também passamos por dezenas de casas com placas de VOTE SIM PELA PROPOSIÇÃO 8 fincadas no gramado, com os bonequinhos-palito incansavelmente alegres.

Pobre casamento! Lá vamos nós matá-lo (imperdoável!). Ou reafirmá-lo (imperdoável!).

Havia um monte de barracas brancas montadas do lado de fora da Prefeitura de Norwalk, e uma frota de vans azuis do Eyewitness News[3] paradas no estacionamento. Começamos a perder a coragem – não estávamos no clima de virar propaganda

---

[3] Programa do canal ABC. (N.T.)

queer por nos casarmos em território hostil na véspera da aprovação da Proposição 8. Não queríamos aparecer nos jornais da manhã seguinte ao lado de algum lunático usando bermuda cargo e espumando pela boca, segurando um cartaz escrito DEUS ODEIA BICHAS. Lá dentro havia uma fila épica no balcão de casamentos, basicamente veados e sapatões de todas as idades, além de alguns casais heterossexuais, quase todos latinos, que pareciam confusos com toda a multidão daquele dia. Dois senhores na nossa frente nos disseram que haviam se casado uns meses antes, mas, quando receberam a certidão pelo correio, perceberam que as assinaturas tinham sido rasuradas pelo celebrante. Por isso estavam desesperados para refazer a certidão e continuar oficialmente casados, independentemente do que acontecesse nas urnas.

Ao contrário do que prometia a internet, os horários da capela já estavam todos agendados, então todos os casais que estavam na fila teriam de realizar algum tipo de cerimônia oficial em outro lugar depois de assinar a papelada. Não conseguíamos entender como um contrato feito com um Estado dito secular podia exigir um ritual religioso. As pessoas que já tinham o casamento agendado com celebrantes para aquele dia deram a ideia de uma cerimônia coletiva, para incluir todo mundo que queria se casar antes da meia-noite. O casal na nossa frente nos convidou para nos casarmos junto com eles em Malibu, na praia. Agradecemos, mas preferimos telefonar para o serviço de informações e pedir o nome de alguma capela de casamentos em West Hollywood – não é lá que os queers estão? *Encontrei aqui a Hollywood Chapel, na Santa Monica Boulevard*, disse a voz.

A Hollywood Chapel era um buraco na parede no final do quarteirão onde passei os três anos mais solitários da minha vida. Cortinas cafonas, de veludo castanho, separavam a sala de espera da capela em si; os dois espaços eram decorados com candelabros góticos baratos, flores artificiais e paredes com textura cor de pêssego. Uma drag queen parada na porta cumpria a tripla função de recepcionista, segurança e testemunha.

Pode acreditar – foi lá que nos casamos, com o auxílio da reverenda Lorelei Starbuck. Ela sugeriu que, antes de mais nada, deveríamos conversar sobre os votos; dissemos que não fazia diferença. Ela insistiu. Seguimos então o protocolo, mas sem usar os pronomes. A cerimônia foi feita às pressas, mas, enquanto fazíamos os votos, desatamos a chorar. Choramos, embriagadas pela sorte, depois aceitamos agradecidas dois pirulitos em forma de coração com as palavras THE HOLLYWOOD CHAPEL estampadas na embalagem, corremos para pegar o rapazinho antes de a creche fechar, voltamos para casa e fomos nos deitar na varanda, em sacos de dormir, comendo pudim de chocolate e contemplando nossa montanha.

Naquela noite, a reverenda Starbuck – que escreveu "Metafísica" como denominação religiosa nos nossos formulários – despachou nossa documentação, junto com a de centenas de outras pessoas, para quaisquer autoridades aptas a consumar nosso ato de fala como legitimamente feliz. No final do dia, 52% dos eleitores californianos aprovaram a Proposição 8, suspendendo os casamentos entre pessoas "do mesmo sexo" em todo o estado, revertendo as condições de nossa felicidade. A Hollywood Chapel desapareceu com a mesma rapidez com que surgiu, talvez esperando um dia renascer.

Ouvir a expressão "casamento entre pessoas do mesmo sexo" sendo repetida a torto e a direito me deixa irritada principalmente porque não conheço muitos queers (talvez não conheça nenhum) que considerem a principal característica de seu desejo como sendo o "mesmo sexo". É verdade que muitos dos escritos sobre sexo lésbico na década de 1970 falavam sobre se excitar, e até sobre se transformar politicamente, pelo encontro com o mesmo. Esse encontro era, é e pode ser importante, pois nele vemos refletido tudo o que foi ultrajado, nele trocamos por desejo e cuidado o que era alienação ou repulsa interiorizada. Dedicar-se à boceta de outra pessoa pode ser um meio de se dedicar à sua própria. Mas qualquer identidade que eu tenha notado nas minhas relações com mulheres não é a identidade da Mulher, e certamente não é a identidade entre os genitais. Em vez disso, é o entendimento comum e opressor do que significa viver no patriarcado.

Hoje meu enteado está velho demais para Soldadinho Morto ou Família Urso. Enquanto escrevo, ele escuta "Funky Cold Medina" no iPod – olhos fechados, corpo gigante, deitado no sofá vermelho. Nove anos de idade.

Há algo mesmo estranho em viver num momento histórico em que a ansiedade e o desespero conservador de que os queers vão destruir a civilização e suas instituições (o casamento, mais notadamente) são contrapostos pela ansiedade e pelo desespero que tantos queers sentem sobre o fracasso ou a incapacidade da condição queer de derrubar a civilização e suas instituições, e sua frustração com a tendência assimilacionista e irrefletidamente neoliberal do movimento LGBTQ+ predominante, que já gastou uma boa grana implorando a entrada em duas estruturas historicamente repressoras: o casamento e as forças armadas. "Não sou daqueles gays que querem enfeitar metralhadora com adesivo de arco-íris", declara o poeta CAConrad. Se existe uma coisa que a homonormatividade revela, essa coisa é o fato perturbador de que *você pode ser vitimado, mas de jeito nenhum* Leo Bersani *ser radical; isso acontece com muita frequência entre homossexuais, assim como em todas as outras minorias oprimidas.*

Isso não é uma desvalorização da condição queer. É um lembrete: se quisermos algo além de entrar a unhas e dentes nas estruturas repressoras, teremos muito trabalho pela frente.

Na Parada do Orgulho LGBT de 2012, em Oakland, alguns manifestantes antiassimilacionistas estenderam uma bandeira que dizia: O CAPITALISMO ESTÁ DESTRUINDO O QUEER QUE HÁ EM NÓS. Um panfleto distribuído dizia:

> O que é destrutivo para a sociedade hétero – a gente sabe que nunca vai se transformar em mercadoria nem ter sua revolta eliminada. Por isso mantemos nossa posição – como bichas ferozes, veados, sapatões, meninas trans, *bois* e queers e todas as combinações e intergêneros e ao mesmo tempo quem nega isso tudo.
>
> A gente espera o momento certo, insurgindo aqui e ali, e fantasia com um mundo onde todas as pessoas exploradas possam se juntar e atacar. A gente quer te encontrar, camarada, mas só se você quiser.
>
> Pela destruição total do Capital,
> as vadias que vão botar essa merda toda pra foder.

Fiquei feliz com a intervenção: existe uma merda muito ruim neste mundo que precisa ser enterrada, e já passou da hora de os outros pararem de dizer, sem a menor preocupação, que dormir com quem você quiser na hora que quiser vai emperrar a máquina social. Mas nunca consegui ser chamada de *camarada* nem compartilhar dessa fantasia de ataque. Na verdade, hoje entendo a linguagem revolucionária como um tipo de fetiche – nesse caso, uma resposta à mensagem acima poderia ser: *Nosso diagnóstico é semelhante, mas nossas perversões são incompatíveis.*

Talvez o que precisemos repensar seja a palavra *radical*. Mas, no lugar da radicalidade, ou para além dela, para o que poderíamos nos inclinar? Para a abertura? Ela é boa o suficiente, forte o suficiente? *Só você sabe quando está usando algo para se proteger e evitar que seu ego desabe e quando está se abrindo e deixando as coisas desmoronarem, deixando que o mundo seja o que ele é – lidando com ele, e não lutando contra ele. Só você pode saber disso.* Acontece que nem sempre a gente sabe.

Pema Chödrön

Em outubro de 2012, quando Iggy estava com uns oito meses, fui chamada para dar uma palestra na Biola University, uma faculdade cristã evangélica perto de Los Angeles. O principal tema do simpósio anual do departamento de artes seria arte e violência. Passei algumas semanas brigando com o convite. De carro, não era muito longe; em uma tarde de trabalho, eu conseguiria pagar um mês de babá para o Iggy. Mas havia o fato ultrajante de a faculdade expulsar estudantes gays ou que se envolveram em atos homossexuais. (Assim como a política "Don't Ask, Don't Tell" ["Não pergunte, não conte"] presente no militarismo dos Estados Unidos, a Biola não se interessa em saber se a homossexualidade é uma identidade, um ato de fala ou um comportamento: seja lá o que for, você está fora.)

Para saber mais, consultei a declaração doutrinária da Biola na internet e descobri que, na verdade, a universidade proíbe *todo* tipo de sexo fora do "casamento bíblico", ali definido como "uma união fiel, heterossexual, entre um homem genético e uma mulher genética". (Fiquei impressionada com o "genético" – *très au courant!*) Pesquisando em outros sites, descobri que existe, ou existiu, um grupo de estudantes chamado Biola Queer Underground, fundado alguns anos antes para protestar contra as políticas antigay da faculdade, principalmente pela internet e com cartazes anônimos afixados no campus. O nome do grupo parecia promissor, mas minha empolgação foi murchando quando comecei a ler a seção de Perguntas e Respostas no site deles:

P: Qual a posição do Biola Underground sobre a homossexualidade?

R: Por incrível que pareça, algumas pessoas não foram claras sobre o que pensamos ser uma pessoa LGBTQ e cristã ao mesmo tempo. Para esclarecer a questão, somos a favor de celebrar o comportamento homossexual em seu contexto apropriado: o casamento. [...] Estamos de acordo com as normas já declaradas da Biola, de que o sexo antes do casamento é pecaminoso e não se enquadra no plano de Deus para os seres humanos; acreditamos que essa norma também se aplica aos homossexuais e outros membros da comunidade LGBTQ.

Que tipo de "queer" é esse?

Eve Kosofsky Sedgwick queria abrir caminho para que o "queer" abarcasse todos os tipos de resistências, rupturas e divergências que não têm nada ou quase nada a ver com orientação sexual. "O queer é um momento, movimento, motivo contínuo – recorrente, vertiginoso, *troublant*", escreveu ela. "Intensamente, é relacional, e estranho." Ela queria que o termo fosse uma emoção constante, um tipo de lugar-tenente – um nominativo, como *Argo*, pronto para designar partes cambiantes ou que se fundiram, um meio de afirmar e ao mesmo tempo se esquivar. É assim que se comportam os termos cujo sentido foi reapropriado – eles retêm, insistem em reter, um sentido do que é fugidio.

Ao mesmo tempo, Sedgwick argumentou que "dada a força da história e da contemporaneidade, que pesam sobre as proibições contra *toda* expressão sexual relacionada ao mesmo sexo, renegar esses sentidos, ou deslocá-los do centro de definição do termo [queer], seria desmaterializar qualquer possibilidade da própria condição queer".

Em outras palavras, ela quer as duas coisas ao mesmo tempo. Há muito a aprender quando se quer duas coisas opostas.

Sedgwick propôs uma vez que "o que é necessário – tudo que é necessário – para tornar a descrição 'queer' uma descrição verdadeira é o impulso *para* usá-la na primeira pessoa", e que "o uso que a pessoa faz de 'queer' em relação a si mesma tem significado diferente de quando usa o termo em relação a outra pessoa". Por mais irritante que seja ver um rapaz branco heterossexual definindo como queer um livro que escreveu (vocês precisam mesmo ser donos de tudo?), talvez acabe sendo uma coisa boa. Sedgwick – que foi casada durante muito tempo com um homem com quem fazia, segundo sua própria descrição, um sexo água com açúcar e quase sempre depois do banho – sabia, talvez melhor do que ninguém, das possibilidades do uso do termo em primeira pessoa. Ela foi criticada por isso, assim como foi criticada por se identificar com homens gays (para não dizer *como* um homem gay) e por dar às lésbicas nada mais que um aceno ocasional. Algumas pessoas achavam um retrocesso que a "rainha da teoria queer" mantivesse os homens ou a sexualidade masculina no centro da ação (como em seu livro *Between Men: English Literature and Male Homosocial Desire*), mesmo que com o propósito de crítica feminista.

Eram esses os interesses e as identificações de Sedgwick; mais do que qualquer outra coisa, ela foi honesta. E pessoalmente ela irradiava uma sexualidade e um carisma muito mais poderosos, singulares e tentadores do que os polos da masculinidade e da feminilidade jamais permitiriam – a sexualidade e o carisma de ser gorda, sardenta, generosa, propensa a enrubescer; de usar roupas empetecadas, ter uma doçura impressionante, uma inteligência quase sádica e de, na época em que a conheci, ter uma doença terminal.

Quanto mais eu penso na declaração doutrinária do Biola Underground, mais percebo que sou a favor de que grupos particulares e consensuais, formados por pessoas adultas, convivam juntos da maneira como bem entenderem. Se esse conjunto específico de adultos não quer fazer sexo fora do "casamento bíblico", para mim tanto faz. No fim das contas, foi *esta* frase que me deixou acordada à noite: "Modelos inadequados da origem [do universo] sustentam que (a) Deus nunca interveio diretamente na criação da natureza e/ou (b) os seres humanos compartilham uma ancestralidade física comum com formas primitivas de vida". Nossa ancestralidade compartilhada com formas primitivas de vida é sagrada para mim. Recusei o convite. Eles colocaram no meu lugar um "guru da escrita" de Hollywood.

Transbordando alegria na nossa casa na colina, algumas sombras intensas nos pegaram de surpresa. Sua mãe, com quem eu só tinha me encontrado uma vez, foi diagnosticada com câncer de mama. A guarda do seu filho continuava incerta, e o espectro de um juiz homofóbico ou transfóbico decidindo o destino dele, o destino da nossa família, transformou nossos dias num tornado de categoria máxima. Você dava tudo de si para fazê-lo se sentir feliz e seguro, construiu um escorregador para ele na fatia de concreto que é o nosso quintal, uma piscininha na frente, uma estação de Lego perto do painel do aquecedor, um balanço pendurado nas vigas do quarto dele. Líamos juntos na hora de dormir, depois eu saía para vocês ficarem um tempo sozinhos e ouvia, noite após noite, sua doce voz do outro lado da porta cantando "I've Been Working on the Railroad". Um dos livros sobre padrastalidade e madrastralidade que comprei dizia que a gente deve refletir sobre os laços em desenvolvimento numa nova família não todos os dias, todo mês ou todo ano, mas a cada sete anos. (Na época em que li, o intervalo me pareceu ridículo; hoje, sete anos depois, me parece sábio e lúcido.) Sua incapacidade de suportar o próprio corpo chegava ao limite, seu pescoço e suas costas latejavam de dor dia e noite por você ter vivido quase 30 anos comprimindo o torso (e, com ele, os pulmões). Você tentava manter o corpo enrolado até enquanto dormia, mas de manhã o chão estava sempre cheio de tops esportivos customizados, tiras de pano sujo – "esmagadores", como você os chamava.

Só quero que você se sinta livre, eu disse com raiva em forma de compaixão, compaixão em forma de raiva.

Você ainda não entendeu?, você gritou de volta. *Eu nunca vou me sentir livre como você, nunca vou me sentir em casa neste mundo, nunca vou me sentir em casa vivendo no meu próprio corpo. É assim que as coisas são e sempre serão.*

Então eu sinto muito por você, eu disse.

Ou talvez *Ótimo, mas não me derrube junto com você.*

Sabíamos que alguma coisa, talvez tudo, estava prestes a desmoronar. Esperávamos que não fosse a gente.

Você me mostrou um ensaio sobre *butches* e *femmes* que continha a seguinte frase: "ser *femme* é levar a honra para onde houve vergonha". Você estava tentando me dizer alguma coisa, me dar a informação que eu precisava. Não acho que sua intenção era que eu me prendesse nessa frase – talvez você nem a tenha notado –, mas nela eu fiquei. Eu queria e ainda quero lhe dar toda dádiva essencial à vida que eu possa oferecer; observei e observo, furiosa e angustiada, a avidez com que o mundo despeja montes e montes de merda naqueles de nós que querem criticar ou que só têm a criticar as normas que precisam tão desesperadamente de uma crítica severa. Mas eu também fiquei confusa: nunca me vi como uma *femme*; eu sabia do meu costume de ser generosa demais; me assustou a palavra *honra*. Como eu podia lhe dizer tudo aquilo e ficar dentro da nossa bolha, dando risadas no sofá vermelho?

Eu lhe disse que queria viver num mundo em que o antídoto para a vergonha não fosse a honra, mas a honestidade. Você disse que eu entendi mal o que você quis dizer com honra. Ainda não paramos de tentar nos explicar o que essas palavras significam para nós; talvez nunca paremos.

Você já escreveu sobre todas as partes da sua vida menos essa, menos a parte queer, você disse.

Me dá um tempo, respondi. *Não escrevi sobre ela ainda.*

No meio disso tudo, começamos a falar sobre gravidez. Sempre que alguém me perguntava por que eu queria ter um bebê, eu não sabia como responder. Mas o silêncio do desejo se impunha na proporção inversa ao tamanho dele. Eu já tinha tido esse desejo antes, mas nos últimos anos eu o havia renunciado – ou melhor, eu havia cedido desse desejo. E agora ali estávamos. Querendo, como tantas pessoas querem, que o momento fosse o correto. Mas agora eu era mais velha e menos paciente. Eu sabia que *ceder do meu desejo* teria de se transformar em *correr atrás do meu desejo*, e rápido. Quando e como tentaríamos, o quanto lamentaríamos se nos afastássemos, e se chamássemos e nenhum espírito-bebê respondesse.

Assim como sugerem conceitos do tipo "mãe suficientemente boa", Winnicott é uma alma razoavelmente otimista. Mas ele também se empenha muito para nos lembrar do que o bebê vai experimentar se o ambiente *"holding"*[4] *não* for bom o suficiente:

> *Agonias primitivas:*
>
> cair para sempre
> todos os tipos de desintegração
> coisas que separam a psique do corpo

> *Frutos da privação:*
>
> ser feita em pedaços
> cair para sempre
> morrer, morrer e morrer
> perder todos os vestígios de esperança de renovação
> de contatos

Poderíamos argumentar que Winnicott está falando metaforicamente aqui – como disse Michael Snediker num contexto mais adulto: "A gente não se estilhaça *realmente* quando alguém nos fode, apesar do que diz Bersani sobre o assunto". Mas embora um bebê possa não morrer quando seu ambiente de proteção malogra, ele pode morrer, morrer e morrer. A questão de o que uma psique ou uma alma pode experimentar depende, em grande parte, de o que você acredita que a constitui. *O espírito é a matéria reduzida a uma fragilidade extrema: Oh, tão frágil!* Ralph Waldo Emerson

---

[4] *"Holding"* é um termo usado por Winnicott para sintetizar o ambiente capaz de prover ao bebê os cuidados que ele recebia dentro do útero, que agora dependem da capacidade da mãe de se identificar com a criança e suprir suas necessidades. É um ambiente de sustentação, amparo, abrigo, colo. (N.T.)

De todo modo, Winnicott descreve notavelmente as "agonias primitivas" não como faltas ou vazios, mas como substantivos: "frutos".

Em 1984, George Oppen morreu de pneumonia, com complicações por causa do Alzheimer. Mary Oppen morreu alguns anos depois, em 1990, de câncer no ovário. Depois da morte de George, encontraram vários fragmentos de texto afixados na parede em cima de sua mesa. Um deles dizia:

> Viver com Mary: tem sido
> uma maravilha tão demasiada
> que é difícil acreditar

Quando tivemos um período difícil, pensei muito nesse fragmento. Às vezes ele me enchia de uma ânsia quase sádica de encontrar alguma prova de que George e Mary tinham sido infelizes, mesmo que por alguns momentos – algum sinal de que sua escrita alguma vez tenha sido um obstáculo entre os dois, de que eles não se entendiam profundamente, de que algum dia se xingaram ou discordaram em relação a questões importantes, tais como se George deveria lutar na Segunda Guerra Mundial, se o Partido Comunista era eficaz, se deveriam se exilar no México, etc.

Não é que eu me alegrasse com a dor dos outros. Era esperança. Eu esperava que essas coisas tivessem acontecido, e que Oppen, oscilando nas ondas da confusão e da lucidez típicas de uma degeneração neurológica cruel, ainda se comovesse a ponto de escrever:

> Viver com Mary: tem sido
> uma maravilha tão demasiada
> que é difícil acreditar

E, vergonhosamente, procurei. Procurei provas da infelicidade dos dois, o tempo todo reprimindo o fato de que minha busca me lembrava um momento particularmente disfuncional no relato que Leonard Michaels faz de sua relação torturada, explosiva e desastrosa com sua primeira esposa, Sylvia. Depois de descobrir que um amigo teve uma relação igualmente horrível, com brigas igualmente horríveis, Michaels escreve: "Estou grato a ele, aliviado, zonzo de satisfação. Quer dizer que outras pessoas também viveram assim. [...] Todo casal, todo casamento, era doente. Esse pensamento, como uma sangria, me purgou. Eu era miseravelmente normal; eu era normalmente miserável". Ele e Sylvia se casam; passado um período curto, e miserável, ela morre com 47 cápsulas de Seconal.

É claro que os Oppens brigavam e magoavam um ao outro de vez em quando, você disse quando lhe contei sobre minha pesquisa. *Provavelmente só não deixavam nada público, por respeito e por amor.*

Seja lá o que eu estivesse procurando entre George e Mary Oppen, jamais encontrei. Encontrei, no entanto, algo que eu não esperava – na autobiografia de Mary, *Meaning a Life*, que ela publicou no início do declínio mental de George. Encontrei Mary.

Quando procurei *Meaning a Life* na Amazon, havia apenas uma avaliação. Era de um cara que deu uma estrela para o livro, e reclamou: "Comprei o livro pensando que aprenderia algo sobre a vida de um dos meus poetas prediletos. Diz muito pouco sobre George e muito sobre Mary". É a autobiografia dela, seu babaca, pensei, antes de perceber que eu tinha feito um percurso bem parecido.

Antes de dar à luz Linda, Mary teve vários natimortos – tantos, aparentemente, que ela não os numera –, sem falar da morte súbita de um bebê de seis semanas de idade. Sobre tudo isso, Mary escreve:

> Nascimento... Acho que estou com medo de tentar escrever sobre o assunto. No parto eu me isolava; nunca falei sobre isso nem mesmo com George. Ele ficou surpreso quando soube que dar à luz era uma experiência de extrema emoção e tão inteiramente minha que eu nunca tentava expressá-la. [...] Eu queria que ela continuasse completa, e preservava a completude da minha própria experiência com o nascimento não falando dela; é precioso demais para mim. Mesmo agora, escrevendo sobre minhas experiências dos 24 aos 30, minha vontade é conter meu isolamento e a devastação da perda, a sensação de ser um nada na mesa de parto, nocauteada pelos anestésicos, só para recobrar a consciência e ouvir alguém me dizer de novo: "O bebê está morto".

George e Mary são famosos por viverem a vida em diálogo, em poesia. *Conversamos como eu nunca tinha conversado na vida, uma torrente.* Mas, aqui, Mary não tem certeza se as palavras são boas o suficiente. *Nunca falei sobre isso nem mesmo com George.* Por mais que sua experiência tenha sido devastadora, ela ainda teme que as palavras pudessem fazê-la desaparecer pouco a pouco (intolerável!).

No entanto, anos depois, quando seu marido começa a se descolar da linguagem, Mary tenta falar.

O filósofo Peter Sloterdijk, em seu tratado épico *Bubbles*, propõe uma ideia que chama de "regra da ginecologia negativa". Para entender verdadeiramente o mundo fetal e perinatal, Sloterdijk escreve: "é preciso rejeitar a tentação de se descolar do assunto com visões externas da relação mãe e filho; ali onde a preocupação é entender as conexões íntimas, a observação externa já é o erro fundamental". Aplaudo essa involução, essa "pesquisa de cavernas", esse afastamento da mestria para se aproximar da bolha imersiva de "sangue, líquido amniótico, voz, bolha sônica e respiração". Não sinto vontade nenhuma de me descolar dessa bolha. Mas eis a pegadinha: *não consigo segurar meu bebê e escrever ao mesmo tempo.*

Winnicott reconhece que as exigências da devoção comum podem assustar algumas mães, temerosas de que a dedicação "transforme-as em vegetais". A poeta Alice Notley aumenta os riscos: "ele nasceu, eu me desfiz – como se eu nunca / fosse existir, nunca tivesse nascido. // Dois anos depois oblitero-me de novo / tendo outro filho [...] por dois anos, não existo aqui".

Nunca me senti desse jeito, mas sou uma mãe velha. Tive quase quatro décadas para me tornar eu mesma antes de experimentar minha obliteração.

Às *vezes as mães ficam assustadas de pensar que o que fazem é muito importante, então nesse caso é melhor não dizer a elas. Dizer as torna conscientes de si, e com isso elas não se saem tão bem. [...] Quando uma mãe tem a capacidade pura e simples de ser mãe, não devemos nunca interferir. Ela não conseguirá lutar pelos seus direitos porque nunca vai entender.* D. W. Winnicott

É como se as mães achassem que estão exercendo sua devoção comum soltas no mundo, e de repente se assustam quando veem que, do outro lado da barreira, tem uma multidão sentada, comendo pipoca.

Logo que retornei ao trabalho depois de ter Iggy, encontrei por acaso um dos meus chefes na lanchonete. Educadamente, ele pagou minha comidinha vegana e o suco Naked. Perguntou quando sairia meu próximo livro; eu disse que talvez demorasse um pouco, porque tinha acabado de ganhar um bebê. Isso o fez se lembrar de uma colega que ele teve, uma professora de estudos renascentistas, que supostamente ficou tão fascinada pelo bebê que tivera que, durante dois anos, sentiu que sua pesquisa sobre o Renascimento era esotérica e entediante. *Mas então, depois de dois anos, o interesse voltou*, ele disse. *Voltou*, repetiu, piscando para mim.

Com o tempo, suspeitei que meu afeto por *Bubbles* pudesse ter pouco a ver com o endosso da regra da ginecologia negativa, e mais a ver com seu título ridículo, homônimo do chimpanzé de estimação de Michael Jackson.

Michael era louco por Bubbles. Mas quando o chimpanzé envelheceu, Michael acabou tirando-o de cena e substituindo-o por um Bubbles mais jovem. (Crueldade do *Argo*?)

Quando eu era adolescente, minha mãe costumava me pedir para trocar o canal de TV e deixar no que tivesse um homem do tempo, em vez de uma mulher. *Eles costumam fazer previsões mais precisas*, dizia ela.

As pessoas do tempo estão lendo um roteiro, eu respondia, revirando os olhos. *A previsão é a mesma.*

É só uma sensação, ela respondia e dava de ombros.

Infelizmente, não é só uma sensação. Mesmo que as mulheres consultem os mesmos satélites ou leiam o mesmo roteiro: seus informes são suspeitos; não há mais o que fazer. *Em outras* Luce Irigaray *palavras, a articulação da realidade do meu sexo é impossível no discurso, e por uma razão estrutural, eidética. Meu sexo é removido, pelo menos como propriedade de um sujeito, do mecanismo predicativo que garante a coerência discursiva.*

A resposta de Irigaray para o problema?: *destruir [...] [mas] com ferramentas nupciais. [...] A opção que me restou*, escreve ela, *foi me aventurar com os filósofos*.

Em outubro de 1998, poucas semanas depois de iniciar minha carreira acadêmica, fui convidada para participar de um seminário com Jane Gallop e Rosalind Krauss. Gallop apresentaria uma obra nova, e Krauss faria uma réplica. Fiquei empolgada – durante a graduação, eu gostara dos livros impetuosos de Gallop sobre Lacan (como *The Daughter's Seduction*); eles davam provas de um investimento profundo no pensamento lacaniano sem se deixar levar pela manada. Tudo bem, ela estava se aventurando com os filósofos, mas parecia estar aprendendo tudo que precisava sobre a sala de máquinas só para explodir tudo depois. A obra de Krauss eu conhecia muito menos, mas deduzi que todo mundo conhecia suas teorias sobre o sistema de grades na arte moderna, e eu gostava das capas simples e foscas da revista *October*. Ela não escreveu sobre Claude Cahun? Eu gostava de Claude Cahun. E desnudar o mito que o *avant-garde* havia feito de si mesmo era, mesmo assim, uma das coisas que eu adorava.

As professoras se juntaram solenemente em volta de uma mesa comprida de madeira numa das salas mais bonitas do Grace Building, onde parte da Universidade da Cidade de Nova York (CUNY) funcionava na época. Eu senti que verdadeiramente tinha feito sucesso – de algum modo, eu tinha sido arrancada de um sofá do Max Fish[5] e colocada no centro de uma meca intelectual, com mesa escura de madeira e astros da academia.

Gallop apresentou alguns *slides*: sua obra recente era sobre ser fotografada pelo marido, cujo nome não podia ser mais adequado: Dick [pau]. Lembro-me de uma foto dela com o filho bebê na banheira, e uma dela com o filho passeando pelados, estilo Carole King. Eu me lembro de ficar surpresa e contente por ela nos mostrar fotos dela e do filho nus, e por falar, sem nenhuma vergonha, do marido Dick (a heterossexualidade sempre me deixa sem graça). Ela tentava falar sobre fotografia do ponto de vista do sujeito fotografado, que, como ela disse, "talvez seja a posição de onde é mais difícil dizer que as percepções gerais são legítimas". Além disso, ela estava conjugando essa posição subjetiva com uma outra, a de ser mãe, numa tentativa de chegar à experiência de ser fotografada como mãe (outra posição geralmente considerada, como diz Gallop, "perturbadoramente pessoal, anedótica, egocêntrica"). Ela falava de *A câmara clara*, de Roland Barthes, e de como, até mesmo em Barthes – delicioso Barthes! –, a mãe continua sendo o objeto (fotografado), e o filho, o sujeito (que escreve). "O escritor é alguém que brinca com o corpo da mãe", escreveu Barthes. Mas às vezes o escritor também é a mãe (fita de Möbius).

Eu gostei do fato de Gallop estar trabalhando num tema e nos deixando participar dele antes de ela mesma entendê-lo completamente. Ela estava estendendo a própria merda no varal: um começo. Tinha os olhos caídos e um pouco estrábicos de um jeito que eu gostava, e aquele estilo rústico mas encantador que tantas acadêmicas têm – meio preso nos anos 1980, brincos de pena e tudo o mais. Ela até falou do quanto gostava de uma blusa que apareceu usando num dos *slides* –

---

[5] Bar e galeria de arte *underground* no Lower East Side de Nova York, aberto em 1989. (N.T.)

preta, de colarinho, cheia de bolhas rabiscadas. Acho extremamente interessante quando vejo uma pessoa de emoções apegadas ao próprio estilo rústico em vez de simplesmente não o terem em conta (uma condição que pode se aplicar a todos nós; e acho que o risco aumenta com a idade).

Os *slides* acabaram, a fala acabou, era a vez de Krauss. Ela puxou a cadeira para a frente, mexeu nos papéis. Era o oposto de Gallop – rosto afilado, elegante com uma echarpe de seda, a sofisticação do estilo Ivy League e do Upper East Side. Felina, bem-arrumada, com o cabelo fino em corte chanel. Quase uma Janet Malcolm da história da arte. Ela começou falando do quanto a obra ousada e profunda de Gallop sobre Lacan tinha sido importante. Esse elogio se estendeu um pouco. Depois, num gesto teatral, ela girou. *A relevância dessa obra preliminar explica por que é tão perturbador observar a mediocridade, a ingenuidade e a superficialidade da obra que Gallop nos apresentou hoje.* O rosto de Gallop perdeu toda a cor. Krauss a ignorou e partiu para o ataque.

A sala ficou pesada com o som de uma mulher profundamente inteligente derrubando outra. Desmembrando-a, na verdade. Krauss arrancou a pele de Gallop por ter usado como tema uma situação pessoal, acusou-a de uma cegueira quase intencional para a longa história da fotografia. Alegou, pelo que me lembro, que Gallop interpretou mal as ideias de Barthes, não conseguiu relacionar sua investigação a nenhuma tradição de fotografias de família, apostou nos conceitos mais básicos de estética dentro da história da arte, e assim por diante. Mas a sugestão tácita de seu argumento, na minha opinião, era que a maternidade de Gallop havia apodrecido sua mente, intoxicando-a com o narcisismo que nos faz pensar que uma experiência completamente banal, compartilhada por inúmeras pessoas, é singular de alguma maneira, ou unicamente interessante.

Tudo bem que Gallop não seja historiadora da arte, certamente não como Krauss. (Barthes também não foi, aliás, mas o talento supera a mestria.) E tudo bem que Krauss sempre tenha sido meio pugilista, assim como Gallop sempre fora meio narcisista – duas perversões que, nessa ocasião, provaram-se incompatíveis. Mas a surra que Gallop tomou naquele dia permaneceu um tempo na minha mente como uma lição prática. Krauss agiu como se Gallop tivesse de sentir vergonha por colocar em pauta fotografias que a mostravam nua com o filho na banheira, contaminando o sério espaço acadêmico com seu corpo rechonchudo e seu pensamento inconcluso e ensimesmado (ainda que Gallop tenha levado à perfeição tal atividade durante anos). Mas ridicularizar uma filósofa era uma coisa; uma mãe gordinha apaixonada pelo filho e por sua camisa de rabiscos horrorosa era outra.

Eu não tinha filho na época, nem tinha planos para isso. Também nunca fui muito louca por cuidar de bebês (nem de animais, nem de jardins, nem de plantas em casa; até a mania com "cuidados pessoais" costuma me irritar ou incomodar). Mas eu era feminista o suficiente para me opor a qualquer ato impulsivo de isolar o feminino ou o maternal do campo da profundidade intelectual. Além disso, se me lembro bem, Krauss não estava simplesmente isolando; estava humilhando. Diante dessa humilhação, eu não via escolha. Fiquei do lado de Gallop.

Em árabe, a palavra para "feto" deriva de *jinn*, que significa "escondido da visão". Não importa quantos ultrassons você faça, não importa o quanto você ache que conhece bem os movimentos do bebê no útero, o corpo dele é ainda uma revelação. Um corpo! Um corpo de verdade! Fiquei tão pasma com aquele corpinho fabuloso de Iggy que demorei algumas semanas para sentir que tinha o direito de tocá-lo por inteiro. Antes de Iggy, sempre me assustava ver um pai ou uma mãe passando um lencinho no rosto de uma criança desatenta, como se ela fosse apenas um objeto cuja autonomia física pudesse ser violada a qualquer hora caso um muco aparecesse na beirada do nariz; eu queria dar atenção a ele, mas não queria *emboscá-lo*. Além disso, a preocupação cultural com a pedofilia em todos os lugares errados às vezes faz com que me sinta incapaz de cuidar dos seus genitais e ânus com alegria e admiração, até que um dia percebi – ele é meu bebê, eu posso – na verdade, devo – manuseá-lo de modo livre e hábil. Meu bebê! Minha bundinha! Hoje me alegra a bundinha dele. Me alegra jogar água na cabeça dele com um barquinho de brinquedo cheio de buracos, molhando os cachos loiros cheios de manteiga do prato que tinha acabado de fazer de chapéu.

Felizmente, Iggy não estava nem aí. Ele é forte, tem alta tolerância a intrusões físicas. Até completar um ano de idade, ele passou por uma punção lombar, várias cateterizações, um enema de bário, choques elétricos, cintilografias, incontáveis intravenosas e uma infusão de antibióticos raros coletados do corpo de outras pessoas (infusão que, se não tivéssemos seguro-saúde, teria custado 47 mil dólares por ampola, valor que põe no chinelo o preço do esperma congelado). Mesmo depois disso tudo, sua alegria e seu vigor natos permaneceram inabalados. Até que ele fique pesado demais, eu o carrego o tempo todo, para todos os lugares, mesmo contrariando as regras (fazendo panquecas no fogão, caminhando em trilhas íngremes, etc.). Quando viajamos juntos, eu o deixo carregar minha enorme mala de rodinhas no aeroporto, mesmo que poucas semanas antes ele não pudesse andar. Ele insiste. Eu reconheço sua insistência. Ignoro os livros que aconselham rigorosamente a não ninar ou embalar o bebê para dormir, de modo que ele aprenda a dormir sozinho; sou abençoada por ter o tempo e a vontade de abraçar Iggy até ele dormir, então abraço. Eu espero, espero e espero até ouvir a respiração dele mudar, observo-o fechar e abrir e fechar os olhos, abrir e fechar os olhos, uma centena de vezes, até pararem, cerrados. Por criar meu enteado, sei que esse ritual não vai durar para sempre – a primeira infância de Iggy está quase no fim. Já terá passado quando este livro for publicado. Um piloto cheio de energia, ele dá uma pirueta por cima da mesa de café e segue.

Eu adoro Winnicott. Mas não consigo me conformar com o fato de que os livros mais citados, respeitados e vendidos sobre cuidar de bebês – Winnicott, Spock, Spears, Weissbluth – tenham sido e continuem sendo escritos principalmente por homens. Na capa de *The Baby Book* – sem dúvida uma das obras mais progressistas que temos hoje sobre o assunto (embora opressivamente heteronormativa) – vemos os créditos: "de William Sears (médico) e Martha Sears (enfermeira)". Parece (até) promissor, mas a voz da enfermeira/esposa/mãe Martha só aparece em pequenos relatos, itálico e quadros laterais, nunca como conarradora. Será que estava ocupada demais cuidando dos oito filhos para se juntar à primeira pessoa do texto? Olho para meu tão amado exemplar de *Winnicott on the Child* e vejo que recebeu o peso não de uma nem duas, mas três introduções de pediatras homens (Brazelton, Greenspan, Spock). Que tipo de bolha estouraria se uma psicóloga ousasse colaborar com o legado dele? Por que eu mesma não procuro livros de puericultura escritos por mulheres? Será que estou inconscientemente procurando o canal do homem do tempo? Como Gallop, ou qualquer outra mãe, por mais brilhante que seja, pode apresentar a regra da ginecologia negativa e ser tão levada a sério quanto Sloterdijk? Estou entediada com essas inversões (risco feminista).

Em *The Baby Book*, do Dr. Sears, há um quadro lateral (escrito por Martha?) chamado "Sexual Feelings While Breastfeeding" [Sensações sexuais durante a amamentação] que reafirma que as mães não são pedófilas pervertidas por terem sensações de prazer quando amamentam. O texto diz que somos basicamente um poço de hormônios, e como os hormônios liberados pela amamentação são os mesmos liberados pelo sexo, nós podemos ser perdoadas pelo mal-entendido.

Mas como pode ser um mal-entendido se são os mesmos hormônios? Como separar uma sensação sexual de outra sensação sexual, supostamente mais "real"? Ou, mais direto ao ponto, por que separar? Não é *como* uma relação amorosa. *É* uma relação amorosa.

Ou melhor, ela é romântica, erótica, intensa – mas sem tentáculos. Eu tenho meu bebê, e meu bebê tem a mim. É um eros leve, um eros sem teleologia. Mesmo que eu me sinta excitada enquanto amamento ou o embalo para dormir, não sinto necessidade de levar nada adiante (e se sentisse, não seria com ele).

Nos anos por vir, essa relação provavelmente se tornará platônica – ou assim me disseram. Mais um motivo para saudar a autotelia do momento.

É tão escuro o espaço de baixo, escuro e calorento. O cabelo fino dele está úmido, cheira a doce e terra, encosto a boca e respiro. Jamais quero cometer o erro de precisar dele tanto quanto ou mais do que ele precisa de mim. Mas não há como negar que, às vezes, quando dormimos juntos na caverna escura da parte de baixo do beliche, com o irmão mais velho se remexendo na cama de cima, com a caixa de som reproduzindo som de chuva, a luz verde do relógio digital marcando cada hora, o corpo pequeno de Iggy abraça e ampara o meu.

Um dos aspectos mais adoráveis dos escritos de Winnicott sobre as crianças (e sobre quem tenta ampará-las) é o fato de ele usar uma "linguagem comum" aparentemente incapaz de exageros, mesmo quando discute questões da máxima complexidade e seriedade. No livro *Queer Optimism*, Michael Snediker diz que o fato de Winnicott "definir, sem ironia, a depressão adolescente como uma 'calmaria'" exemplifica uma das marcas de Winnicott: a deflação-sem-dispersão. "É muito fácil [...] se entusiasmar com a melancolia", escreve Snediker sobre a antiga preocupação da teoria queer com a melancolia. "Não tão fácil é se entusiasmar com as 'calmarias'."

Um dos problemas do entusiasmo, no entendimento de Snediker, é que ele muitas vezes sinaliza (ou provoca) uma paixão por conceitos ou figuras abrangentes que pode atropelar as especificidades da situação em pauta. (Winnicott uma vez acusou Freud, por exemplo, de usar o conceito de pulsão de morte para "chegar a uma simplificação teórica comparável à eliminação gradual dos detalhes na técnica de um escultor como Michelangelo".)

Tais acusações não seriam uma surpresa para muitos escritores, especialmente para os que tentaram homenagear, na escrita, a pessoa amada. Wayne Koestenbaum conta uma história instrutiva sobre essa questão: "Uma vez eu escrevi uma carta longa e rebuscada para uma namorada maluca que tive (décadas atrás!), e ela me respondeu com uma rejeição sucinta e humilhante: 'Da próxima vez, me escreva'. Esse único imperativo, num pedaço minúsculo de papel, dentro de um envelope. Eu me lembro de pensar: 'Mas eu não escrevi para ela? Como eu poderia saber, quando escrevi para ela, que secretamente não estava escrevendo para ela?'. Naquela época, Derrida ainda não tinha escrito *O cartão-postal*, então eu não sabia o que fazer com a mágoa e a perplexidade de ser um escrevedor de cartas empolado e narcisista, instruído a, no fim da escrita, 'estabelecer relações' e conversar com alguém em vez de com o nada.

O inexpressável pode estar contido (inexprimivelmente!) no expressado, mas quanto mais velha eu fico, mais medo eu tenho desse nada, desse entusiasmo com quem eu mais amo (Cordélia).

Termino o primeiro rascunho deste livro e o dou para Harry. Ele não precisa me dizer que leu: quando chego em casa depois do trabalho, vejo a pilha de páginas soltas para fora da mochila, e sinto seu humor, que poderia ser descrito como raiva contida. Concordamos em almoçar fora no dia seguinte para conversarmos. No almoço, ele me diz que se sente despercebido – descuidado, até. Eu sei como esse sentimento é terrível. Passamos página por página do rascunho, lápis na mão, ele sugerindo como eu poderia aperfeiçoar meu modo de representar a ele e a nós. Tento ouvir, tento me concentrar na generosidade que é deixar outra pessoa escrever sobre sua vida. Afinal, ele é uma pessoa muito reservada, que me disse mais de uma vez que estar comigo é como um epilético de marca-passo casado com uma artista estroboscópica. Mas nada é capaz de sufocar substantivamente a advogada de defesa que tenho dentro de mim. *Como um livro pode ser livre expressão e negociação ao mesmo tempo? Não é inútil culpar a rede por ter buracos?*

Isso é desculpa para redes de péssima qualidade, ele diria. *Mas o livro é meu!* Sim, mas os detalhes da minha vida e da nossa vida não pertencem só a você. *Tudo bem, mas a mente não tem como nutrir pelo eu do próximo o mesmo interesse que nutre pelo seu próprio eu. O eu do próximo aparece junto de todo o resto das coisas numa única massa estranha, contra a qual seu próprio eu se sobressai num realce surpreendente.* Narcisismo de escritora. *Mas essa é a descrição de William James para a subjetividade, não para o narcisismo.* Não interessa – por que você não pode escrever alguma coisa que represente a mim, a nós, a nossa felicidade? *Porque ainda não entendo a relação entre escrita e felicidade, ou escrever e cuidar.*

Costumávamos falar em escrever um livro juntas; o título seria *Proximidade.* Teria o espírito de *Dialogues II*, de Gilles Deleuze e Claire Parnet: "À medida que tivéssemos menos clareza do que partia de mim, do que partia de você, e até do que partia de outrem, teríamos mais clareza sobre 'O que é escrever?'."

Posteriormente, no entanto, percebi que a simples ideia dessa mistura já me deixava ansiosa demais. Acho que eu ainda não estava pronta para perder de vista *meu próprio eu*, pois há muito tempo a escrita me é o único lugar plausível para encontrá-lo (seja lá o que for o meu eu).

Motivo de vergonha: ser alguém que falava livre, copiosa e apaixonadamente no ensino médio, depois chegar à faculdade e perceber que corria o risco de me tornar uma daquelas pessoas que fazem todo mundo revirar os olhos: *lá vem ela de novo.* Foi preciso tempo e esforço, mas acabei aprendendo a parar de falar para me tornar (personificar, na verdade) uma observadora. Essa personificação me fez escrever muita coisa na margem dos meus cadernos – marginália que depois garimpei para criar poemas.

Forçar-me a calar a boca e despejar a linguagem no papel: virou hábito. Mas agora voltei a falar copiosamente também, enquanto dou aulas.

Às vezes, quando estou lecionando, quando faço um comentário sem ninguém me pedir, sem me importar que eu tenha acabado de falar um segundo antes, ou quando interrompo alguém para afastar a conversa de um redemoinho que eu particularmente considero infrutífero, me sinto ótima por perceber que posso falar o quanto quiser, no ritmo que quiser, levando o assunto na direção que quiser, sem que ninguém revire os olhos ou me diga para procurar uma fonoaudióloga. Não estou dizendo que é uma boa pedagogia. Estou dizendo que os prazeres dela são profundos.

É como se ela tirasse post-its *do cabelo e desse aula com eles*, reclamou um dos meus alunos sobre o estilo de ensino da minha amada professora Mary Ann Caws. Tive de concordar, era uma descrição exata do estilo (e do cabelo) de Caws. Mas além de adorar o estilo dela, eu também adorava que ninguém pudesse dizê-la para ensinar de outra forma. A escolha era sua: era aguentá-la ou perder a aula. O mesmo vale para Eileen Myles. Ela conta uma história ótima de um aluno da Universidade da Califórnia em San Diego que reclamou que ela dava aulas como se estivesse "jogando pizza na cara da gente". Minha opinião é que a gente precisa ter muita sorte para levar na cara uma fatia de pizza vinda de Eileen Myles ou ver Mary Ann Caws tirando *post-its* do seu ninho de cabelos.

Cordélia não conseguiu levar o coração à boca. Quem consegue? Não importa: a recusa em tentar transforma-se, de forma memorável, em seu distintivo de honra. Mas o silêncio dela nunca me comoveu exatamente; ao contrário, sempre me pareceu um pouco paranoico, fingido – mesquinho, até.

O que exatamente nos é perdido quando as palavras são desperdiçadas? Anne Carson
Será que as palavras consistem numa das poucas economias que restam na terra, em que a plenitude – a fartura, também – acontece sem custar nada?

Outro dia recebi pelo correio uma revista literária em que publicaram uma entrevista com Anne Carson na qual ela responde determinadas perguntas – as chatas? as muito pessoais? – com colchetes vazios [[ ]]. Há uma lição nisso; eu provavelmente teria escrito uma dissertação em cada pergunta, me lembrando da resposta que ouvi inúmeras vezes na vida: "Sério, é impressionante – é só o pessoal do andar de cima falando pra gente maneirar um pouco". Ver os colchetes de Carson me provocou uma vergonha instantânea da minha compulsão por colocar as cartas na mesa mais assertivamente. Mas quanto mais eu pensava nos colchetes, mais eles me irritavam. Pareciam transformar em fetiche o não dito, em vez de simplesmente deixá-lo contido no dizível.

Muitos anos atrás, Carson deu uma palestra na organização Teachers & Writers, em Nova York, em que apresentou (para mim) o conceito de deixar um espaço vazio para Deus entrar dentro dele. Eu conhecia um pouco dessa ideia por causa do meu namorado na época, que se interessava muito por bonsai. No bonsai, costuma-se plantar a árvore fora do centro do vaso para deixar espaço para o divino. Naquela noite, Carson transformou o conceito em literário. (*Aja de modo a não haver uso no centro*: um verso de sabedoria steiniana que Carson tenta transmitir a seus alunos.) A sala estava lotada, e eu era claramente a única que nunca tinha ouvido falar de Carson. Ela deu uma palestra de verdade, distribuindo uma xerox com *slides* das pinturas de Edward Hopper. Ela fez com que a profissão de escritora acadêmica parecesse a coisa mais legal que se poderia fazer. Voltei para casa concentrada no conceito de deixar o centro vazio para Deus. Foi como chegar por acaso a uma leitura de tarô ou a um encontro do AA e ouvir exatamente o necessário para seguir adiante, no coração ou na arte, durante anos.

Sentada agora na mesa do meu escritório sem janelas, com a parede do fundo pintada de azul para lembrar o céu, olho para os colchetes na entrevista de Carson e tento apreciá-los como a marca daquela noite tão distante. Só que algumas revelações não permanecem.

No dia seguinte, um aluno me procurou na minha sala e me mostrou um artigo de opinião que sua mãe tinha publicado no *LA Times*, em que descreve seus sentimentos turbulentos em relação à identidade transgênero dele. "Quero amar o homem que minha filha se tornou", diz a mãe dele, no começo, "mas me debatendo contra a torrente de sua mudança e de minha resistência, sinto que nunca conseguirei atravessar meu rio de raiva e tristeza."

Conversei gentilmente com o aluno, mas tive um acesso de raiva quando cheguei em casa, lendo em voz alta alguns trechos do artigo. "Um filho transgênero coloca os pais frente a frente com a morte", lamenta a mãe. "A filha que conheci e amei se foi; um estranho com pelos no rosto e voz grave tomou seu lugar." Eu não sabia dizer o que mais me transtornava — as palavras que a mãe usou para falar do filho ou o fato de publicá-las num jornal de grande circulação. Falei para você que estava cansada de ver histórias na grande mídia contadas por pessoas muito confortáveis em sua condição de cisgênero — presumivelmente um "nós" — demonstrando pesar pela transição dos outros, presumivelmente um "eles". ("Na taxonomia das crises de vida, onde se encaixa a ideia de que, para eu me libertar, o outro tem de me perder?", pergunta Molly Haskell em seu relato angustiado da transição MTF[6] do irmão. Na possibilidade de a pergunta não ser retórica, sugiro a seguinte resposta: bem lá embaixo.)

---

[6] "*Male to Female*" (literalmente, "macho para fêmea"; pessoa do sexo masculino em transição para o gênero feminino). (N.T.)

Para minha surpresa, você não sentiu a mesma indignação que eu, pelo contrário: levantou uma sobrancelha e me lembrou que, havia poucos anos, eu demonstrara medos parecidos, embora não nos mesmos termos, sobre as alterações desconhecidas que poderiam ser provocadas por hormônios e cirurgia.

Estávamos na cozinha quando você disse isso – acabo de me lembrar: na mesma bancada onde deixei correr os olhos pelas letras minúsculas da bula de uma testosterona canadense (nesse quesito, o Canadá está anos-luz na frente dos Estados Unidos). Eu chorava, numa espécie de pânico, e tentava realmente descobrir o que poderia ou não mudar em você por causa da T.

Na época em que passei os olhos pela bula, estávamos tentando engravidar, sem sucesso, havia mais de um ano. Eu me ocupava tentando distender minha parede uterina ingerindo montes e montes de cápsulas fedorentas e amarronzadas e usando sementinhas grudentas de um acupunturista "de mão pesada", ou seja, um que deixava minhas pernas cheias de hematomas; você tinha começado a se preparar para a cirurgia dos seios e as injeções de T, que fazem o útero retrair. A cirurgia não me preocupava tanto quanto a T – a excisão tem uma clareza da qual carece a reconfiguração hormonal –, mas parte de mim ainda queria que você mantivesse seu peito como era. Era uma vontade minha, não sua – ou seja, eu teria de me livrar dela rapidinho. Também descobri que eu nutria uma bravata inconsciente como se estivesse no seu lugar – *Você tem barba há anos mesmo passando 90% do tempo sem T, ao contrário de tantas outras pessoas que querem essas características; isso não basta?*

Incapaz de dizer essas coisas, eu me concentrava nos riscos que a T poderia provocar, como colesterol alto e ameaça ao seu sistema cardiovascular. Meu pai morreu de infarto aos quarenta anos, sem motivo aparente (*o coração dele explodiu*); e se eu te perdesse do mesmo jeito? Os dois do signo de gêmeos. Eu lia os riscos, em voz alta e tom ameaçador, como se, uma vez revelados, você pudesse ficar com medo e abandonar a T de uma vez por todas. Em vez disso, você deu de ombros, lembrando-me que a T não o colocaria numa categoria de risco maior do que homens biológicos que não tomam T. Balbuciei alguns preceitos malconcebidos sobre a potencial insensatez de realizar mudanças exteriores em vez de se concentrar na transformação interior. E se, depois dessas mudanças grandiosas, você continuasse se sentindo desconfortável no mundo e no seu próprio corpo? *Como se eu não soubesse que, em questão de gênero, não existe um esquema que mostre onde começa e onde termina o que é interno e externo—*

Irritado, você acabou dizendo: *Você não acha que eu também estou preocupado? É claro que estou preocupado. Só não preciso da sua preocupação pesando em cima da minha. Preciso do seu apoio.* Entendo, apoio.

Meus medos se provaram todos injustificáveis. O que não quer dizer que você não tenha mudado. Mas a maior de todas as mudanças tem sido um pouco de paz. Ela não é total, mas comparada a uma ansiedade sufocante, um pouco de paz não é coisa pouca. O desgosto que você sente hoje é por ter esperado tanto tempo e sofrido uma dor tão intensa durante três décadas até finalmente encontrar algum alívio. É por isso que toda vez que eu conto até embaixo os quatro degraus da escada azul tatuada na sua lombar, estico-lhe a pele, empurro a agulha de quase dois centímetros e injeto o líquido oleoso e dourado da T na sua massa muscular profunda, tenho certeza de que estou lhe dando um presente.

Agora, depois de viver todos esses anos do seu lado e observar a máquina que é a sua mente produzir uma arte de pura excentricidade – enquanto trabalho duramente nestas frases, perguntando-me o tempo todo se a prosa não passa de uma lápide que marca a renúncia à excentricidade (a fidelidade à busca de sentido, à asserção, ao *argumento*, por mais flexível que seja) –, não tenho mais certeza de quem se sente mais em casa e mais livre no mundo: eu ou você.

Como explicar que "trans" pode funcionar muito bem como abreviação, mas que a narrativa dominante que o termo evoca ("nasceu no corpo errado", precisa de uma peregrinação ortopédica entre dois destinos fixos) e que se desenvolve rapidamente é inútil para algumas pessoas, mas parcialmente, ou até profundamente, útil para outras? Que para algumas pessoas, "transição" pode significar deixar um gênero totalmente para trás, mas para outras não – como Harry, que é feliz se identificando como *butch* que toma T? *Não me encaixo em lugar nenhum*, Harry costuma dizer a quem pergunta. Como explicar, numa cultura frenética por resoluções, que às vezes a merda continua a mesma? *Não quero o gênero que me foi atribuído quando nasci. Também não quero o gênero masculino que a medicina transexual pode fornecer e que o Estado vai me garantir se eu me comportar da maneira correta. Não quero nada disso.* Como explicar que, para algumas pessoas, às vezes apenas em determinados períodos, essa irresolução é boa – desejável, até (por exemplo, "piratas de gênero") –, enquanto para outras, às vezes apenas em certos períodos, ela continua sendo fonte de conflito ou dor? Como superar o fato de que a melhor maneira de descobrir como as pessoas se sentem em relação ao próprio gênero ou à própria sexualidade – ou qualquer outra coisa, na verdade – é ouvir o que elas dizem e tratá-las de modo correspondente, sem querer usar a nossa versão da realidade para encobrir a delas?

Quanta *arrogância* existe nisso tudo. De um lado, a necessidade aristotélica, talvez evolutiva, de colocar tudo em categorias –

predadores, crepusculares, comestíveis –; de outro, a necessidade de homenagear o transitivo, o evasivo, a grande sopa existencial em que vivemos. *Devir* – é assim que Deleuze e Guattari chamaram esse voo: devir-animal, devir-mulher, devir-molecular. Um devir em que nunca se devém, um devir cuja regra não é nem a evolução nem a assíntota, mas certa volta, certo retorno para dentro, *voltando para dentro de mim / voltando para dentro* do meu próprio ser / saindo / enfim / da gaiola branca, saindo / da gaiola de mulheres / transformando enfim. — Lucille Clifton

É doloroso que eu tenha escrito um livro inteiro colocando em ques- — Butler *tão a identidade política, para depois ser instituído como símbolo da identidade lésbica. Ou as pessoas realmente não leram o livro, ou a mercadorização da identidade política é tão forte que qualquer coisa que a gente escreva, mesmo que explicitamente oposta àquela política, acaba sendo engolida pela máquina.*

Acho que Butler é generosa quando coloca a difusa "mercadorização da identidade" como problema. Sendo menos generosa, eu diria que o simples fato de ela ser lésbica é tão ofuscante para algumas pessoas que qualquer palavra que sair de sua boca – qualquer palavra que sair da boca *da lésbica* – será ouvida por certos ouvintes como *lésbica, lésbica, lésbica*. Dessa posição, basta um pequeno passo para desconsiderar a lésbica – ou, a propósito, qualquer pessoa que se recuse a entrar calmamente num futuro "pós-racial" que lembre, com muita proximidade, o passado e o presente racistas – como *identitária*, quando na verdade é a pessoa que ouve que não consegue ir além da identidade que ela mesma imputou a quem fala. Chamar a pessoa que fala de *identitária*, então, serve como ótima desculpa para não a ouvir, e quem ouve, nesse caso, pode retomar o papel de quem fala como escritor ou escritora. Em seguida saltamos para mais uma conferência cuja ideia fundamental é apresentada por Jacques Rancière,

Alain Badiou, Slavoj Žižek, na qual podemos refletir sobre o Si-Mesmo e o Outro, enfrentar a diferença radical, exaltar o caráter decisivo do Dois e humilhar os identitários rudimentares, todos aos pés de um outro homem branco que dita regras de cima do púlpito, assim como temos feito há séculos.

Em resposta a um jornalista que lhe pediu para "se resumir em poucas palavras", John Cage [gaiola] disse: "Saia da gaiola na qual você se encontra, seja lá qual for". Ele sabia que seu nome estava preso a ele, ou que ele estava preso ao próprio nome. Mesmo assim, insiste em sair dele. As partes do *Argo* podem ser substituídas, mas o barco continua se chamando *Argo*. Podemos até nos acostumar a dar um salto antes do voo, mas isso não significa que nunca mais vamos pisar no poleiro. *Temos de expressar a sensação de e, a sensação de se, a sensação de mas, a sensação de por, com a mesma facilidade com que expressamos a sensação de tristeza ou a sensação de frio.* Temos de expressá-las, mas não o fazemos – pelo menos não com a mesma facilidade. Mas quanto mais as expressarmos, mais rápido conseguiremos reconhecê-las quando surgirem de novo, e com alguma esperança não precisaremos mais lhes dar tanta atenção.

William
James

Dos vinte aos trinta anos, eu frequentava semanalmente a Russian & Turkish Baths, uma casa de banhos e sauna na East 10th Street, em Nova York, e meditava sobre o corpo extraordinariamente antigo da mulher que, para mim, era o fantasma das saunas. (Se nos anos 1990 você frequentou alguma sauna em dias exclusivos para mulheres, vai entender o que estou dizendo.) Eu meditava sobre os lábios dela, que pendiam bem abaixo dos pálidos pelos pubianos, na bunda pendurada nos ossos como dois balões vazios. *E eu disse, os lábios realmente começam a cair? Ela disse, sim, como o saco dos*

Dodie
Bellamy

homens, a gravidade faz os lábios caírem. Eu disse que nunca havia notado isso, que precisaria dar uma olhada. Eu tentava aprender tudo que podia sobre o envelhecimento do corpo feminino olhando para o corpo dela. (Agora percebo que deveria ter dito "o corpo feminino idoso", mas, na minha juventude, bem como na cultura em geral, a lacuna entre mulheres "que estão envelhecendo" e "idosas" costuma vir abaixo, tratada como indefinível ou irrelevante.)

Na minha atividade diurna como aluna de pós-graduação, no entanto, eu só me sentia ofendida com as descrições da genitália feminina nos poemas de Allen Ginsberg, como "a borda do pêssego / gordo tecido / abominei" e "o único buraco que me rejeitou de 1937 em diante". Ainda não entendo a necessidade de mostrar essa rejeição misógina, mesmo que seja em prol da bichice, mas entendo ser rejeitada. Os órgãos genitais de todas as espécies geralmente são viscosos, pendurados, repulsivos. Faz parte do seu charme.

Hoje vejo como esses momentos na obra de Ginsberg adquirem um brilho diferente quando colocados na balança junto com seu encontro difícil e arriscado com o corpo nu de sua mãe, a louca Naomi, no grandioso *Kaddish*:

> Um dia achei que ela estava me incitando a transar com ela — flertando consigo mesma no espelho da pia — deitada na cama enorme que ocupava a maior parte do quarto, vestido puxado até os quadris, rasgo de pelos, cicatrizes de operações, pâncreas, feridas na barriga, abortos, apêndice, pontos de incisões marcados na gordura com zíperes grossos horrendos — lábios longos enrugados entre as pernas — O quê, até cheiro de cu? Fiquei frio — depois meio enojado, mas não muito — talvez fosse uma boa ideia tentar, talvez — conhecer o Monstro do Ventre Primordial — Talvez — assim. Ela se incomodaria? Precisa de um amante.

Yitbarach, veyishtabach, veyitpaer, veyitromam, veyitnassê, veyithadar, veyithalê, veyithalal, shemê dekudshav, berich hu.[7]

Quando leio agora essa passagem, só consigo me sentir comovida e inspirada. "O quê, até cheiro de cu?" – esse é o som de Ginsberg instigando a si próprio a chegar o máximo que pode à beira do precipício, mesmo que isso signifique entrar à força no especulativo, no fictício. Ir além do "Monstro do Ventre Primordial" até o ânus da mãe, onde ele encosta e cheira. Não a serviço da depravação, mas em busca dos limites da generosidade. *Ela precisa de um amante – serei eu?*

O resultado de toda essa pressão? "Depois meio enojado, mas não muito." Ó gloriosa deflação sem dispersão!

Eu me lembro de ver, por volta dos dez anos, a cena de *O iluminado* em que a jovem sedutora, abraçada pelo libidinoso Jack Nicholson no banheiro do hotel mal-assombrado, envelhece em segundos nos braços dele, soltando guinchos ao se transformar de mocinha atraente em corpo em putrefação. Para mim, a cena deveria representar algum tipo de horror primordial. Afinal de contas, era *O iluminado*. Mas a imagem daquela velha encarquilhada e em decomposição, com os braços esticados querendo o homem que se afasta, permaneceu comigo durante três décadas, como um tipo de amiga. Ela é parte fantasma do banheiro, parte Naomi louca. Ela não conseguiu entender se estava além do desejo ou sendo

---

[7] *Kaddish*, título do poema de Allen Ginsberg, é uma oração fúnebre judaica entoada em ritual quando da morte de um parente. Ginsberg não pôde realizar a cerimônia em homenagem à mãe porque não havia quórum suficiente – a oração deve ser feita na presença de dez pessoas. O poema é sua versão do lamento. O trecho transliterado significa: "Que seja bendito, louvado, glorificado, exaltado, engrandecido, honrado, elevado e excelentemente adorado o Nome do Sagrado, Bendito seja Ele". (N.T.)

desejada. Ou talvez só quisesse deixá-lo morrendo de medo, o que ela de fato faz.

Em determinado momento do livro *The Buddhist*, Dodie Bellamy critica Jonathan Franzen pela seguinte descrição de uma mulher de meia-idade em seu romance *Liberdade*: "Depois esperou, com os lábios entreabertos e um atrevimento no olhar, para ver como sua presença – o drama de ser quem era – era percebida. Como é típico de mulheres assim, ela parecia convencida da originalidade de sua provocação. Katz já tinha escutado a mesma provocação, quase palavra por palavra, cem vezes antes, o que agora o colocava na posição ridícula de lamentar sua incapacidade de fingir que era provocado: de sentir pena do ego de Lucy – forte, porém pequeno –, que flutuava no mar de insegurança das mulheres quase velhas". Bellamy responde: "Devido às alterações teatrais de ponto de vista que o romance aparentemente apresenta, eu tinha pensado em recomendar a leitura aos meus alunos, mas, depois de ler esse trecho, pensei que nem daqui a cem anos [...]. As mulheres de meia-idade são essa presa fácil, como se tivessem de andar evitando olhares e de cabeça baixa, com vergonha de suas ruínas". Depois ela insere uma "imagem ridícula de uma velha para eliminar a visão ruim de Franzen".

Não vou reproduzir a imagem, mas aconselho você a procurá-la em *The Buddhist*. O que farei é falar do grupo de pessoas que considero minhas velhas ridículas (exceto por não serem realmente ridículas, tampouco realmente velhas). Você já conhece algumas delas. Durante um tempo, eu as chamei de bruxas do bem, mas não é por aí. Se não fosse um apelido tão grande, eu as chamaria de "mães-de-muitos-gêneros do meu coração", que é como a poeta Dana Ward chama várias pessoas, passando por Allen Ginsberg, Barry Manilow, seu pai, sua avó, seu vizinho de infância, a personagem de Winona Ryder em *Atração mortal*, Ella Fitzgerald, Jacob von Gunten e sua mãe biológica no longo e maravilhoso poema "A Kentucky of Mothers", que realiza o feito quase impossível de construir uma cosmologia matriarcal arrebatadora e ao mesmo tempo desfetichizar a categoria maternal, chegando até a esvaziá-la, e questionando: "Mas 'mãe de' é preciso? / Ou eu deveria dizer 'cantoras de'? [...]. Tudo bem chamar essas outras de minhas mães como tenho chamado? É prudente, & se o for, prestei homenagem com meu canto?".

Minha professora de teoria feminista na faculdade se chamava Christina Crosby. Mesmo dando tudo de mim nas aulas, ela me passou com um A-. Não entendi na época, mas agora entendo. Eu andava me interessando por mães intelectuais, sentindo-me inconscientemente atraída pelo tipo sério e não maternal. Christina ia para a faculdade de moto ou numa bicicleta toda lustrosa, entrava de repente na sala com o capacete embaixo do braço, as marcas do outono de New England no cabelo e no rosto, e todo mundo tremia de intimidação e desejo. Hoje, quando começo uma aula, costumo pensar em como ela chegava, sempre um pouquinho atrasada – nunca *realmente* atrasada, mas nunca a primeira da festa. Ela era radiante, elegante, durona – não como rocha, tampouco como seda – era apenas ela, em seu próprio estilo *butch*: loira, professoral, atlética, desgrenhada.

Christina, também, costumava ruborizar num vermelho bem forte enquanto falava durante os primeiros minutos de aula, o que de modo nenhum a deixava menos arrojada. Na verdade, pensávamos que ela devia estar queimando por dentro, que havia algo de incontrolável em sua paixão por Gayatri Spivak ou pelo Coletivo Combahee River. E havia. Por causa do rubor de Christina, não sinto tanta vergonha quando passo por isso em sala de aula. (Acontece o tempo todo.)

Com o passar do tempo, eu e Christina ficamos amigas. Há alguns anos, ela me contou a história de uma turma posterior à minha, também de teoria feminista, que realizou uma espécie de golpe. Eles queriam – seguindo uma longa tradição feminista – uma pedagogia diferente, em vez de se sentarem ao redor de uma mesa com uma professora. Estavam frustrados com o caráter pós-estruturalista das aulas de Christina, estavam cansados de desmontar identidades, cansados de ouvir que nossa maior demonstração de resistência num universo foucaultiano era manejar a armadilha na qual inevitavelmente estamos. Eles então se retiraram como protesto e foram para um ambiente privado, e chamaram Christina como convidada. Ela me contou que todo mundo recebeu uma fichinha de arquivo, e uma aluna pediu para cada pessoa escrever "como me identifico" na ficha e prendê-la no peito.

Christina ficou mortificada. Como Butler, ela tinha passado a vida complicando e desconstruindo a identidade, ensinando os outros a fazerem a mesma coisa, e agora, como se estivesse num dos círculos do inferno de Dante, ela recebia uma caneta e uma ficha na qual deveria espremer as letras para caber um epíteto homérico. Derrotada, ela escreveu "Amante de Babe". (Babe era o cachorro dela, um labrador branco que não parava quieto.)

Fui me encolhendo à medida que ela me contava a história – por causa dos alunos, principalmente, mas também porque me lembrei do quanto minha turma, na época em que fui aluna de Christina, queria que ela se mostrasse de maneira mais pública e coerente, e do quanto todo mundo se frustrava por saber que ela não faria isso. (Na verdade, nem me sentia tão frustrada assim; sempre me identifiquei com quem se recusa a se envolver em situações e discussões públicas que mais parecem uma concessão ou um subterfúgio do que uma expressão de espontaneidade. Mas eu reconhecia o motivo da frustração dos outros e me identificava com eles também.) No entanto, a frustração dos alunos com a reserva de Christina sobre sua vida pessoal não diminuía o interesse por ela – sentimentos como "a calça de couro de Christina me deixa molhada" apareciam o tempo todo escritas a giz nos passeios de cimento do campus. Provavelmente sua reticência só fazia atiçar o fogo. (Um dia Christina me confessou que sabia das frases e que se sentia lisonjeada.)

Mas o tempo passou e Christina mudou. Foi morar com uma pesquisadora ativista mais jovem e mais eloquente sobre questões queer, sobre *ser* queer. Como a maioria das feministas acadêmicas, Christina hoje ensina "estudos de gênero e sexualidade" em vez de estudos feministas. Talvez o que mais me comova seja o fato de ela estar escrevendo uma autobiografia – algo que jamais teria sonhado em fazer quando era minha orientadora.

Na época, ela disse que queria orientar minha dissertação porque me achava uma aluna séria, mas deixou bem claro que não tinha nenhuma afinidade – na verdade, sentia até certa repulsa – com meu interesse no pessoal tornado público. Fiquei envergonhada, mas não intimidada (meu epíteto?). A dissertação que escrevi orientada por ela se chamava *The Performance of Intimacy*. Não usei a palavra *performance* em oposição ao "real"; nunca tive interesse nesse tipo de embuste. É claro que existem pessoas que performam a intimidade de maneira fraudulenta, narcisista, perigosa, esmagadora ou horripilante, mas não me referi a esse tipo de performance, nem é algo que me interesse. Eu me refiro à escrita que dramatiza nossos modos de existir *para o outro e em virtude do outro*, não num exemplo único, mas desde o início e sempre.

Quando se trata de minha própria escrita, se insisto na ideia de que existe uma persona ou uma performatividade em jogo, não quero dizer que não sou eu mesma na minha escrita, ou que minha escrita, de algum modo, não seja eu. Concordo com Eileen Myles – "Meu segredo sórdido sempre foi este, que a escrita obviamente fala de mim". Ultimamente, no entanto, tenho me sentido à deriva de uma ironia muito nova. Depois de experimentar a vida inteira com o pessoal tornado público, a cada dia que passa me vejo mais alienada das redes sociais, o mais aberto dos palcos para esse tipo de atividade. A revelação pessoal instantânea e desenfreada nos meios digitais é um dos meus maiores pesadelos. Tenho plena ciência de que minha personalidade é fraca demais para suportar as tentações e pressões que eu passaria se me expusesse no palco do Facebook, e fico espantada de verdade com o fato de tantas pessoas – ou todas as pessoas, como às vezes parece – lidarem tão facilmente com a exposição.

Mais do que lidar com a revelação pessoal, as pessoas a celebram, forçam corajosamente seus limites, de uma maneira natural. Em *The Buddhist* – que foi criado a partir de textos de blog –, Dodie Bellamy elogia o blog da poeta Jackie Wang, que uma vez postou seus pensamentos à medida que se decompunham sob o efeito de Zolpidem: "6 da manhã. olá. vou apagar rapidinho porque tomei um zolpidem e tô ficando desconexa. mas o melhor do zolpidem é que você pode escrever escrever escrever porque não está nem aí, é bom para o desprendimento que precisa acontecer para a gente falar. [...] eu ia escrvr umacoizssd importante mas prsrccmew6e nao consgo ler nminhaq propria letra e fico delirando se penso nas coisas". Intelectualmente, estou juntinho de Dodie, aclamando Jackie. Mas, no meu coração, faço uma prece de agradecimento: foi um ato de graça eu ter ficado sóbria antes de ter internet sem fio.

Ainda não refleti exatamente sobre isso (homenagem a Wang?), mas quando penso na minha escrita mais "pessoal", só consigo me lembrar daquele antigo jogo de Atari, *Breakout*. Vejo a barrinha do jogo, deslizando na parte de baixo da tela, fazendo uma bolinha preta quicar e bater numa camada de tijolos coloridos na parte de cima, parecida com um arco-íris. A bola vai batendo nos tijolos, os destruindo, até abrir caminho e escapulir para o outro lado. Essa fuga, o *breakout*, é emocionante por causa de toda a triangulação, toda a monotonia, todo o esforço, todo o obstáculo, todas as formas e sons que a precederam. Preciso desses blocos coloridos para removê-los pouco a pouco, porque o escavar dos blocos cria forma. Depois preciso da fuga final, minha bolinha hipomaníaca vagando pelo céu.

Na aula de teoria feminista de Christina nós também lemos o famoso ensaio de Irigaray, "When Our Lips Speak Together", em que ela critica tanto o modo unitário de pensar quanto o binário, concentrando-se na morfologia dos lábios bucais. Eles são o "sexo que não é um". Eles não são um, mas também não são dois. Formam um círculo que sempre toca a si mesmo, uma mandorla autoerótica.

A imagem me pareceu imediatamente estranha, mas excitante. E um pouco constrangedora. Ela me lembrava o fato de que muitas mulheres conseguem se masturbar apenas pressionando uma perna contra a outra, sentadas no banco de um ônibus, numa cadeira, etc. (gozei uma vez assim esperando na fila para ver *As lágrimas amargas de Petra von Kant* no Film Forum, em Houston). Enquanto discutíamos Irigaray dentro da sala, tentei sentir o círculo dos meus lábios bucais. Imaginei todas as mulheres da sala fazendo a mesma coisa. A questão é que a gente consegue realmente sentir os próprios lábios bucais.

É muito fácil se animar com um conceito como "pluralidade" ou "multiplicidade" e começar a enaltecer tudo como tal. Sedgwick não tinha paciência com esse tipo de elogio descuidado. Em contraposição, passou muito tempo falando e escrevendo sobre o que é mais que um, mais que dois, porém menos que o infinito.

Essa finitude é importante. Ela possibilita o grande mantra, o grande convite, da obra de Sedgwick, que é "pluralizar e especificar". (Barthes: "deve-se pluralizar, refinar, continuamente".) É uma atividade que requer uma atenção – uma persistência, até – cujo próprio rigor a verte em paixão.

Poucos meses antes de Iggy ser concebido, fomos assistir a um filme pornô artístico de duas amigas, A. K. Burns e A. L. Steiner. Você estava se sentindo sozinho, querendo muito se sentir em comunidade, querendo identificação. Diferentemente da cena queer fechada e independente na qual você tivera uma participação central em São Francisco, a cena queer de Los Angeles se parece com qualquer outra coisa de Los Angeles: dividida pelo tráfego e pelas autoestradas, fechada e opressora, e ao mesmo tempo difusa e desorientada, difícil de decifrar, de *ver*.

O filme, *Community Action Center*, é muito bom. Você gostou da diversidade e do absurdo desenfreado, embora tenha ficado perplexo com a omissão do pênis, pois acredita que a categoria das mulheres deveria ser ampla o suficiente para incluí-lo – "como a bolha que engoliu Detroit", você diz. Concordei, mas fiquei pensando em como criar espaço para o não fálico se o fálico está sempre se enfiando de novo no contexto. *Em qual planeta esses termos são mutuamente excludentes?*, você disse, justificadamente exaltado. *Em qual planeta o imaginário morfológico é definido como o que não é real?*

Um dos meus desenhos prediletos que você fez é aquele de dois picolés conversando. Um acusa: "Você está mais interessado na fantasia do que na realidade". O outro responde: "Estou interessado na realidade da minha fantasia". Os dois picolés estão derretendo no palito.

Depois que o filme terminou, apareceu na tela uma dedicatória final: "para a mais queer dos queers". O público aplaudiu, eu aplaudi. Mas, por dentro, senti a dedicatória como se fosse uma agulha correndo em ziguezague sobre um disco de vinil depois de uma música maravilhosa. O que aconteceu com a horizontalidade? O que aconteceu com *a diferença está se espalhando?* Tentei me prender ao que mais gostei no filme – ver pessoas se batendo durante o sexo sem parecer violento, a cena de alguém se masturbando com uma pedra de ametista embaixo d'água, e o lento costurar de penas na bunda de uma garota. Só me lembro disso agora. E que a imagem da garota com as penas costuradas na bunda era de uma beleza nada comum, e que a sexualidade dela lembrou a minha de um jeito que não consigo descrever, só dizer que me comoveu. Essas partes me abriram aquele pe-

Michel Foucault queno portal: *Acho que temos – e podemos ter – o direito de ser livres.*

Coleciono esses momentos. Sei que eles guardam uma chave. Não me importa que a chave continue metida numa fecha-

Naomi Ginsberg, para Allen dura, incipiente. *A chave está na janela, a chave está na luz do sol na janela... a chave está na grade, na luz do sol na janela.*

Lá fora, no saguão, um amigo queer reclama que o subtítulo do filme deveria ser "A *butch* passiva" (presumivelmente um insulto), e que o sexo acabava dando asco. *Eca, por que a gente tem que olhar para tanta buceta cabeluda?* Na mesma hora desviei para o bebedouro.

Assim como boa parte da obra de Catherine Opie, *Self-Portrait/ Cutting* [Autorretrato/Corte] (1993), com o desenho dos bonecos-palito sangrando em suas costas, ganha significado quando visto em séries, em contexto. O desenho tosco dialoga com as letras ornamentadas da palavra *Pervert* [Pervertida], que Opie talhou em cima do peito e fotografou um ano depois. E as duas obras dialogam com as famílias lésbicas heterogêneas de sua série *Domestic* [Doméstica] (1995-1998) – na qual Harry aparece, com cara de bebê –, bem como de *Self-Portrait/Nursing* [Autorretrato/Amamentação] (2004), feita 10 anos depois de *Self-Portrait/Pervert*. No autorretrato da amamentação, ela segura e contempla seu filho Oliver enquanto ele mama, com a cicatriz de *Pervert* ainda visível, embora fraca, no meio do peito. A cicatriz apagada sugere uma representação figurada da maternidade sodomítica: a pervertida não precisa morrer ou se esconder *per se*, tampouco a sexualidade adulta é imposta na criança, tornando-se seu fardo.

Esse equilíbrio é admirável, e quase sempre difícil de manter. Numa entrevista recente, Opie diz: "Entre ser professora em tempo integral, artista, mãe e parceira, não é como se eu tivesse muito tempo para explorar e praticar [SM]... Além disso, quando a gente cuida de uma criança, fica mais difícil de o cérebro mudar para a marcha do 'Ah, agora vou machucar alguém'".

Tem algo profundo aqui, que vou apenas circular de forma imaginária para que você reflita. Mas, enquanto pondera, veja que a dificuldade de mudar de marcha, ou a luta para encontrar tempo, não são a mesma coisa que uma escolha ontológica entre duas alternativas possíveis.

É claro, existem inúmeras boas razões para os adultos guardarem o corpo para si; uma delas é o simples fato estético de que o corpo adulto pode ser horrível para as crianças. Veja, por exemplo, como Hervé Guibert descreve o pênis do pai:

> Estou olhando para as calças dele, e quando abre a braguilha é que vejo algo que nunca tinha visto em toda minha vida: um monstro anelado ameaçador, desarrolhado, cheio de sangue, cru, uma linguiça rosada com a ponta em forma de cone. Nesse momento vejo a pica do meu pai como se não tivesse pele, como se meus olhos tivessem o poder de enxergar através da carne. Vejo algo anatomicamente separado. Como se visse uma versão sobreposta e reduzida do porrete brilhante que ele trouxera do matadouro e que coloca estranhamente na mesinha de cabeceira.

Essa cena não projeta danos ou violações *per se*, ao contrário da maioria das cenas literárias desse tipo (as não francesas?). Pense em *Eu sei por que o pássaro canta na gaiola*, de Maya Angelou, cuja cena primordial de estupro eu li umas cem vezes quando garota. Eis nossa narradora Maya, aos oito anos de idade, relatando as ações de seu tio: "O Sr. Freeman me puxou para cima dele e enfiou a mão entre minhas pernas. [...] Descobriu o corpo, e sua 'coisa' levantou como uma espiga de milho marrom. Pegou minha mão e disse: 'Sinta'. Era carnudo e sinuoso como as entranhas de uma galinha recém-morta. Depois me puxou com força para cima do seu peito". Essa foi apenas a primeira investida do recorrente abuso sexual que Maya sofreu nas mãos do Sr. Freeman.

Para ser honesta, no entanto, eu não lembrava que o abuso continuava, e só me dei conta agora porque pesquisei. Quando criança, eu ficava presa só nessa cena, tamanha minha surpresa com o pênis-espiga.

Quando você é uma menina que procura informações sobre sexo e as únicas que encontra retratam abusos sexuais infantis ou algum outro tipo de violência (todos os livros prediletos da minha pré-adolescência: *Eu sei por que o pássaro canta na gaiola*, *Ayla: a filha das cavernas*, *O mundo segundo Garp*, além dos poucos filmes censurados que me deixavam ver, especialmente *Fama*, com uma cena indelével de Irene Cara – um fotógrafo vulgar, que promete transformá-la numa estrela, pede que ela tire a blusa e chupe o dedão), sua sexualidade se forma em torno desse fato. Não há grupo de controle. E só terei vontade de falar em "sexualidade feminina" quando houver um grupo de controle – algo que nunca haverá.

No ensino médio, uma sábia professora pediu a leitura do conto "Wild Swans", de Alice Munro. Como uma rajada de vento, a história atravessou minha mente aturdida pelo pênis-espiga e limpou tudo. Em pouquíssimas páginas, Munro conta tudo: como a força da curiosidade e do desejo sexual incipiente de uma adolescente entra em conflito com a necessidade de se proteger de abusadores perversos e detestáveis, como o prazer pode coexistir com a humilhação sem significar que a humilhação tenha justificativa ou seja a realização de um desejo; como é ser tanto cúmplice quanto vítima; e como essas ambivalências podem continuar durante a vida sexual adulta. Munro faz com que "Wild Swans" seja mais tolerável e interessante ao colocar sua protagonista sendo masturbada por um estranho dentro de um trem (um padre viajante, é claro) sem seu consentimento ou protesto, mas também sem ser forçada a fazer nada no corpo dele. Em vez de uma descrição genital, Munro nos dá a paisagem: a vista de fora, à medida que o trem avança em alta velocidade, que a garota contempla quando goza.

Quando Iggy estava com cinco meses de idade, nós o levamos conosco para um show de trapézio burlesco de uma das minhas melhores amigas, mas fomos barradas na porta por um segurança australiano jovial que nos disse que a classificação era dezoito anos. Eu disse que não corria risco de expor um bebê de cinco meses preso ao meu peito, adormecido, ao corpo nu e à boca suja de minha amiga. Ele disse que o problema não era o bebê *em si*, mas que outras pessoas que o vissem poderiam se lembrar dos filhos que deixaram em casa, e com isso não se sentiriam numa noite de adultos. Isso perturbaria a atmosfera do cabaré.

Defendo fortemente as noites só para adultos e que a atmosfera dos cabarés não seja perturbada. Não estou defendendo o direito de carregar um bebê para qualquer lugar. Acho que fiquei irritada porque queria que minha amiga tomasse a decisão, pois ela havia nos convidado. Mas, vindo do segurança, senti (paranoicamente? Ele estava cumprindo seu dever) o espectro do que Susan Fraiman descreve como "a sexualidade gay masculina e heroica como substituta da condição queer que ainda 'não foi poluída pela feminilidade procriadora'".

Em oposição a esse substituto, Fraiman explica o conceito de maternidade sodomítica, descrita longamente num capítulo chamado "In Search of the Mother's Anus", que analisa o famoso caso do Homem dos Lobos, de Freud. Um adulto em análise (que ficou conhecido como Homem dos Lobos) fala para Freud de quando era menino – talvez até um bebê – e de ter visto os pais fazendo sexo "de quatro", em múltiplas ocasiões. "O homem erguido e a mulher inclinada como um animal." (Vale lembrar que essa memória é extraída do Homem dos Lobos – não é o que motiva sua queixa.) Freud diz que o Homem dos Lobos "pôde ver os genitais da mãe, bem como o membro do pai; e entendeu tanto o processo quanto seu significado". Ele também diz que o Homem dos Lobos "havia antes suposto que o evento testemunhado fosse um ato de violência, mas a expressão de prazer que tinha visto no rosto da mãe não combinava com isso; ele foi obrigado a reconhecer que a experiência era de satisfação".

Quando Freud vai interpretar a cena, no entanto, os genitais da mãe saem de cena. A mãe se torna o "lobo castrado, que deixava os outros montarem sobre ele", e o pai se torna "o lobo que montava". Não há nenhuma surpresa nisso – como Winnicott notou (junto com Deleuze e outros), a carreira de Freud às vezes pode parecer uma série de intoxicações com conceitos teóricos que propositadamente destroem a nuança. (Ou a realidade: Freud depois sugere que o menino pode ter visto cães pastores copulando e transferiu a imagem para os pais, e escreve: "peço ao leitor que se junte a mim na decisão de acreditar *provisoriamente* na realidade dessa cena". O prazer de ler Freud está nesses desvios para a esfera do provisório, livremente confessos; os problemas aparecem quando ele sucumbe – ou nós sucumbimos – à tentação de controlar em vez de nos lembrar que estamos profundamente envolvidos no transitório.) De todo modo, na época em que escreveu o caso do Homem dos Lobos, o *plat du jour* de Freud era o complexo de castração. E esse complexo requer que a mulher não tenha "nada", mesmo diante do que atesta o contrário.

Freud não faz desaparecer o prazer que o Homem dos Lobos nota no rosto da mãe, mas o deforma a ponto de ficar irreconhecível. Ele propõe que ver a mãe castrada sendo fodida desse jeito, e vê-la gostar, gera um medo primordial e desestabilizador no Homem dos Lobos, "que, por preocupação com seu órgão sexual, lutava contra uma satisfação que parecia envolver a renúncia a esse membro". Freud resume o nó psíquico da seguinte maneira: "'Se você quer ser satisfeito sexualmente por seu pai', talvez possamos imaginá-lo [o Homem dos Lobos] dizendo para si mesmo, 'deve deixar-se castrar como sua mãe; mas isso eu não quero'".

Isso eu não quero: para Freud, o "isso" é a castração – claramente um preço alto demais a se pagar por qualquer prazer. Para alguns teóricos e teóricas da teoria queer que escreveram depois de Freud, no entanto, o "isso" é algo totalmente diferente: o desejo de ser sexualmente satisfeito pelo pai, e nesse caso o pênis, não é renunciado, mas multiplicado. Essa leitura trata a recordação do Homem dos Lobos de ter visto a relação sexual "de quatro" dos pais como uma fantasia primordial e codificada do sexo gay masculino, uma cena de proto-homossexualidade. Nesse caso, o medo que o Homem dos Lobos sente do pai não é o medo da castração, mas de seu próprio desejo homossexual num mundo que "não o quer".

Essa interpretação tem seu mérito e valor. Mas se para fazer sentido os genitais da mãe precisam ser intencionalmente apagados, e o prazer dela precisa ser transformado numa história admonitória sobre os perigos da castração, temos aí um problema. (Regra prática: se algo precisa ser intencionalmente apagado para chegar a algum lugar, é porque quase sempre existe um problema.) Desse modo, Fraiman pretende devolver o prazer da mãe à cena, e pôr em primeiro plano – *"mesmo como mãe"* – seu acesso à "sexualidade não normativa, não procriadora, à sexualidade no excesso do que é zelosamente instrumental". A mãe que tem esse acesso e seu excesso é a mãe sodomítica.

Por que demorei tanto tempo para encontrar uma pessoa com quem minhas perversões fossem não só compatíveis, mas também combinassem perfeitamente? Tanto antes quanto agora, você abre minhas pernas com as suas e enfia seu pau em mim, enche minha boca com seus dedos. Finge me usar, faz uma cena como se estivesse interessado só no seu prazer e ao mesmo tempo garante que eu encontre o meu. Na verdade, é mais do que uma combinação perfeita, porque implica um tipo de estase; por outro lado, estamos sempre em movimento, mudando de forma. Não importa o que a gente faça, sempre parece sujo sem parecer nojento. Às vezes as palavras fazem parte. Eu me lembro de uma noite, bem no início, de quando estávamos num ateliê de pintura cavernoso de uma amiga, em Williamsburg (ela estava viajando), no quarto andar de um prédio, eu completamente nua ao seu lado, mais pedreiros do lado de fora, dessa vez construindo um arranha-céu qualquer de luxo do outro lado da rua, as torres de iluminação projetando raios alaranjados e sombras dentro do estúdio, e você me pede para dizer o que quero que faça comigo. Meu corpo inteiro lutava para articular uma frase qualquer. Eu sabia que você era uma criatura boa, mas parecia que eu estava diante de uma montanha gigantesca, uma vida inteira de relutância em reivindicar o que eu queria, em pedir o que eu queria. E eis que ali você estava, de rosto colado ao meu, esperando. A frase que acabei encontrando pode ter sido *Argo*, mas agora sei: não há nada que substitua dizê-la com a própria boca.

A maternidade sodomítica estava totalmente presente na instalação *Puppies & Babies* (2012), de A. L. Steiner – uma coleção anárquica, colorida e eufórica de instantâneos, escolhidos no arquivo pessoal de Steiner, retratando amigas em vários estados de intimidade pública e privada, com as criaturas que nomeiam o trabalho: bichos e bebês. Steiner diz que a instalação começou como uma brincadeira que vinha "do fato de às vezes eu me encontrar fotografando filhotes/cães e bebês, mas para quê? Faziam parte do meu 'trabalho'? Como se encaixavam ou poderiam se encaixar ao gênero esnobe de rótulos geralmente atribuídos ao meu trabalho – instalação artística, para públicos maduros, obra política, etc.?".

São perguntas interessantes, mas que não passaram pela minha cabeça quando visitei a exposição. Talvez porque essa dicotomia entediante que coloca, de um lado, fotografias casuais de filhotes e bebês "adoráveis" e sua multiplicidade de cuidadoras e, de outro, gêneros "esnobes" de arte soava para mim como certos textos asquerosos publicados pela grande mídia: às vezes inevitáveis, mas para engoli-los é melhor tampar o nariz. (Pense no artigo de capa da *New York Times Book Review* publicado no Dia das Mães em 2012, que começava assim: "Nenhum outro assunto oferece oportunidade maior para uma péssima escrita do que a maternidade. [...] Para dizer a verdade, é duro escrever bem sobre os filhos. Sabe por quê? Eles não são tão interessantes assim. Mais interessante é que, apesar da chatice que representa 95% da criação dos filhos, nós continuamos os tendo". Dado que praticamente toda sociedade do planeta promove a ideia de ter filhos como o segredo – talvez o único – para uma vida significativa – todas as outras não passam de um prêmio de consolação –, e dado que a maioria das sociedades criou maneiras, de sutis a estarrecedoras, de punir as mulheres que escolhem *não* procriar, como uma ideia dessas pode realmente provocar encanto?)

Puppies & Babies é um antídoto perfeito para sarcasmos desse tipo, com seu alegre turbilhão de parentalidades sodomíticas, todos os tipos de cuidado e amor entre espécies. Em uma das fotos, uma mulher nua está deitada de conchinha com dois cães ao mesmo tempo. Em outra, a artista Celeste Dupuy-Spencer está agachada na beirada de um lago junto com seu cão, como se contemplassem uma longa jornada. Bebês nascem, choram, brincam, dirigem pequenos tratores, beliscam mamilos, são abraçados. Às vezes, mamam. Um deles – inacreditavelmente – mama do peito da mãe enquanto ela planta bananeira. Outro mama na praia. Alex Auder, grávida e vestida com uma roupa de couro de dominadora, finge dar à luz uma tartaruga inflável. Um cachorro monta num tigre de pelúcia. Outro cachorro está enfeitado com flores alaranjadas. Duas mulheres grávidas levantam os vestidinhos para encostar as barrigas nuas uma na outra – carícia de amigas.

Quem gosta de crianças pode tender para as fotos dos bebês, e quem gosta de cães pode olhar diretamente para as fotos com os animais, mas o espaço mais ou menos igual dado para cada grupo coloca o amor entre espécies no mesmo nível que o amor entre humanos. (Nas imagens que mostram tanto cães quanto bebês, não há necessidade de escolher.) E embora haja um monte de corpos grávidos ali, essa orgia da adoração está claramente aberta para qualquer pessoa disposta a entrar. Na verdade, uma das dádivas de criar uma família de gênero queer – e do amor aos animais – é a revelação do cuidado como algo separado de – e unido a – qualquer gênero, qualquer ser senciente.

Pensando nesse enaltecimento, pergunto-me se a maternidade sodomítica de Fraiman precisa ser revista. Foi politicamente importante que as feministas subestimassem a erótica da maternidade para abrir espaço para a erótica em outros lugares (ex.: "Eu transo para gozar, não para conceber"), mas *Puppies & Babies* evita essa clivagem. Em vez disso, encontramos todas essas perversões desordenadas e dissonantes em corpos grávidos e não grávidos, no aconchego, no ato de nadar sem roupa numa cachoeira junto com um cão, nas cambalhotas em cima de lençóis embolados, no trabalho diário do cuidado e do testemunho – incluindo o testemunho erótico da câmera de Steiner. (Se você compartilha do sentimento apropriadamente lascivo de Koestenbaum – "Acho uma perda de tempo visitar exposições de fotografia sem nenhum nu" –, então veio para o lugar certo.)

Alguns assuntos de *Puppies & Babies* podem não ser classificados como queer, mas não importa: a instalação os torna queers. Estou querendo dizer que ela participa de uma longa história de queers que constroem suas próprias famílias – sejam elas compostas de pares ou mentores ou amantes ou ex-amantes ou crianças ou animais – e que apresenta a construção familiar queer como uma categoria abrangente da qual a procriação pode ser uma subcategoria, e não o contrário. Ela nos lembra que qualquer experiência corporal pode se tornar nova e estranha, que nada do que fazemos na vida precisa necessariamente ser escondido, que nenhum conjunto de práticas ou relações detém o monopólio do que é dito radical ou do que é dito normativo.

A homonormatividade me parece uma consequência natural da descriminalização da homossexualidade: quando algo deixa de ser ilícito, castigável, diagnosticado como doença ou usado como base legal para a discriminação pura ou para atos violentos, tal fenômeno igualmente deixa de representar a subversão, a subcultura, o *underground*, o marginal. É por isso que pervertidos niilistas como o pintor Francis Bacon chegaram ao ponto de dizer que a homossexualidade ainda devia ser castigada com a pena de morte; ou que fetichistas transgressores como Bruce Benderson busquem aventuras homossexuais em países como a Romênia, onde é possível ser preso simplesmente por flertar com alguém do mesmo sexo. "Ainda vejo a homossexualidade como uma narrativa da aventura urbana, uma chance de cruzar não só as barreiras do sexo, mas também as de classe e idade, e transgredir nesse processo algumas poucas leis – tudo em nome do prazer. Não fosse isso, eu poderia muito bem ser hétero", diz Benderson.

Apesar dessa narrativa, é desestimulante ver todo o lixo acumulado depois de uma Parada do Orgulho LGBT, ou ouvir Chaz Bono tagarelando com David Letterman sobre como a testosterona o fez parecer um idiota para a namorada, que o deixa irritado por querer que ele continue "discutindo a relação" durante horas, daquele jeito que só mulheres e lésbicas sabem fazer. Respeito Chaz por muitas coisas, em especial pela disposição para expor sua própria verdade a um público pronto para criticá-lo. Mas sua identificação apaixonada (ainda que estratégica) com alguns dos piores estereótipos de homens héteros e lésbicas é decepcionante. ("Missão cumprida", comentou Letterman sarcasticamente.)

As pessoas são diferentes umas das outras. Infelizmente, a dinâmica de se tornar porta-voz quase sempre ameaça sepultar esse fato. Você pode dizer sempre que só fala por si, mas sua própria presença na esfera pública começa a solidificar a diferença numa única figura, e a pressão em cima dela vai ficando mais forte. Pense no quanto algumas pessoas ficaram apavoradas quando a atriz e ativista Cynthia Nixon descreveu a experiência de sua sexualidade como uma "escolha". Mas embora o lema *Não posso mudar, mesmo que eu tente* seja um verdadeiro hino de motivação para algumas pessoas, para outras pode ser um pesadelo. Em algum momento, o limite do guarda-chuva cede lugar à amplitude do espaço aberto.

Aqui está um trecho da entrevista de Catherine Opie para a revista *Vice*:

> Entrevistadora: Então, acho que você está saindo da cena SM para ser mãe, e suas fotos novas trazem essas cenas domésticas felizes – é um choque, de certo modo, porque as pessoas querem separar as duas coisas.
>
> Opie: Elas querem separar. Por isso é transgressor quando uma pessoa como eu se torna homogeneizada e parte da esfera doméstica convencional. Rá! É uma ideia engraçada.

Engraçada para ela, talvez, mas nem tanto para quem se assusta com o aumento da homonormatividade e sua ameaça à condição queer. Mas, como Opie deixa implícito aqui, o que é insustentável é a oposição binária entre normativo e transgressor, junto com a exigência de que toda e qualquer pessoa viva uma vida que seja uma coisa só.

Outro dia escutei um cara falando no rádio sobre as casas pré-históricas, e sobre como os seres humanos têm um jeito específico de criá-las quando comparados aos pássaros, por exemplo. Não é uma queda por decoração que nos diferencia – os pássaros são especialistas nisso –, mas sim a compartimentalização do espaço. O modo como comemos, defecamos e trabalhamos em diferentes áreas. Aparentemente, fazemos isso desde sempre.

Esse fato simples, entreouvido durante um programa de rádio, fez com que me sentisse em casa com minha própria espécie.

Ouvi dizer que, nos tempos áureos, Rita Mae Brown tentou convencer outras lésbicas a abandonarem os filhos para se juntar ao movimento. Mas, em termos gerais, até nos círculos separatistas mais radicais, lésbicos ou feministas, sempre houve crianças por perto (Cherríe Moraga, Audre Lorde, Adrienne Rich, Karen Finley, Pussy Riot... a lista é imensa). No entanto, em vez de enfraquecer o advento de todos os tipos de parentalidade queer, o binário desgastado que coloca

Fraiman *feminilidade, reprodução e normatividade de um lado, e masculinidade, sexualidade e resistência queer de outro* atingiu certa apoteose recentemente, muitas vezes se colocando como posição derradeira e desesperada tanto contra a homonormatividade como contra a heteronormatividade. No polêmico *No Future*, Lee Edelman argumenta que a "condição queer diz respeito ao lado de quem *não* 'luta pelas crianças', o lado fora do consenso pelo qual toda política confirma o valor absoluto do futurismo

Edelman reprodutor". *Foda-se a ordem social e a Criança em cujo nome estamos coletivamente aterrorizados; foda-se Annie; foda-se a criança abandonada do* Les Mis;[8] *foda-se o pobrezinho inocente navegando*

---

[8] *Annie* e *Les Mis* são musicais que partilham o tema de crianças órfãs e abandonadas. O primeiro, da Broadway, é baseado nas tirinhas da série

na internet; fodam-se as Leis com iniciais maiúsculas e minúsculas; foda-se toda a rede de relações simbólicas e o futuro que lhe serve de apoio. Ou, para usar o *slogan* mais sucinto de um amigo artista queer, *Não produza e não reproduza.*

Sei que Edelman está falando sobre a Criança, não as crianças em si, e que meu amigo artista provavelmente está mais preocupado em provocar o *status quo* capitalista do que em defender o controle de natalidade. Eu mesma tenho vontade de furar o olho de alguém quando escuto "protegendo as crianças" como argumento para todo tipo de política execrável, como armar professores infantis, lançar uma bomba nuclear no Irã, esvaziar as redes de seguridade social ou extrair e queimar o que resta das reservas mundiais de combustíveis fósseis. Mas por que dizer "foda-se" para essa Criança quando deveríamos dizê-lo para as forças específicas que impulsionam sua imagem, rastejando atrás dela? O futurismo reprodutor não precisa de mais discípulos. Mas se entregar ao apelo punk do *"no future"* também não basta, como se tudo que nos restasse fosse sentar e observar, enquanto os injustificadamente ricos e gananciosos estraçalham nossa economia, nosso clima e nosso planeta, vociferando o tempo todo o quanto as baratas ciumentas são sortudas em catar as migalhas que caem do seu banquete. Fodam-se *eles*, eu digo.

Talvez devido a minhas próprias questões com o futurismo reprodutor, sempre fiquei um pouco assustada com textos voltados para bebês ou dedicados a eles, tanto os por nascer quanto os infantes. Sei que gestos assim surgem do amor. Mas o analfabetismo do destinatário — sem falar do abismo temporal entre o momento do discurso e o momento em que a criança chegará a uma idade adulta o suficiente para recebê-lo

---

Little Orphan Annie, de Harold Gray; o segundo, francês, é baseado no romance *Os miseráveis*, de Victor Hugo. (N.T.)

(presumindo que seja possível ser adulto em relação aos pais) – salienta o fato atordoante de que a relação jamais será realizada de maneira simples pela escrita, se é que pode ser realizada. Me assusta envolver um ser humano tão minúsculo nessa dificuldade, nesse fracasso, desde o princípio. No entanto, não posso negar que certos exemplos me comoveram, como a carta de André Breton para sua filha ainda bebê em *O amor louco*. O romantismo hétero de Breton é, como sempre, difícil de engolir. Mas eu gosto da doce convicção que ele oferece à filha, de que ela fora "concebida como possível, como certa, no momento exato em que, envolvidos por um amor profundamente seguro de si, homem e mulher desejaram tua existência".

Inseminação após inseminação, querendo que seu bebê exista. Deitando-me na mesa fria de exame, suportando a fisgada do cateter que atravessa meu colo do útero, sentindo a contração familiar do sêmen descongelado e diluído se espalhando diretamente no meu útero. Você segurando minha mão mês após mês, dedicado, persistente. *É clara de ovo, só pode*, eu disse, lágrimas nos olhos. *Shhh*, você sussurrou. *Shhh.*

Nas primeiras vezes que tentamos o procedimento, levei uma mochila cheia de dildos da sorte. Às vezes, depois que a enfermeira baixava as luzes e saía do quarto, você me abraçava enquanto eu me masturbava. O propósito não era romântico, mas sim segurar o esperma lá em cima (mesmo sabendo que não tinha mais para onde subir). Depois de alguns meses, no entanto, comecei a deixar os dildos em casa. Por fim, já me sentia com sorte se conseguisse entrar em sala para dar aulas carregando o livro certo, tão confusa eu ficava com as medições de temperatura de manhã cedo, os testes de ovulação impossíveis de entender, o exame tortuoso de todo muco elástico que saía do meu corpo, o desespero da primeira mancha de menstruação.

Frustrada com nosso método custoso e ineficaz, partimos para um plano b durante alguns meses com um amigo gentil e generoso que concordou em ser nosso doador, trocando a mesa fria de metal pelo conforto da nossa cama, e amostras de sêmen caras pelas gratuitas do nosso amigo, que ele deixava no banheiro dentro de um frasco de molho Paul Newman.

Um dia nosso amigo precisou viajar por causa de um reencontro de colegas de faculdade. Para não perder o óvulo daquele mês, voltamos relutantes para o banco. Rastreamos o progresso do óvulo por ultrassom: no final da tarde ele parece bulboso, bonito, pronto para romper de seu folículo, mas na manhã seguinte não há sinal nem dele nem do líquido de sua membrana rompida. Ultrapassei o limite da frustração, difícil ter esperanças. Mas Harry – sempre otimista! – insiste que talvez não seja tarde demais. A enfermeira concorda. Conhecendo meu péssimo hábito de achar que me perdi e sair da estrada uma curva antes de onde encontraria meu caminho, resolvi, mais uma vez, me juntar aos dois.

[A maternidade das mulheres lésbicas ou solteiras] pode ser vista como Julia Kristeva *uma das formas mais violentas assumidas pela rejeição do simbólico, bem como uma das divinizações mais fervorosas do poder materno – o que só perturba toda uma ordem jurídica e moral, mas sem propor nenhuma alternativa.*

Se levássemos em conta que, nos Estados Unidos, um terço das famílias atuais são encabeçadas por mães solteiras (o recenseamento nem sequer pergunta sobre duas mães ou algum outro parentesco – se existe na casa uma mãe e nenhum pai, seu domicílio conta como de mãe solteira), diríamos que a ordem simbólica, a essa altura, ganhou algumas marcas. Mas Kristeva não está sozinha em sua hipérbole. Para uma opinião mais desnorteadora, recomendo o ensaio "A troca impossível", de Jean Baudrillard, em que ele argumenta que formas de reprodução assistida (inseminação com sêmen de doador, barriga de aluguel, fertilização *in vitro*, etc.), junto com o uso da contracepção, proclamam o suicídio de nossa espécie, uma vez que separam reprodução e sexo, transformando-nos de "seres mortais sexuados" em mensageiros de uma imortalidade impossível, qual os clones. A chamada inseminação artificial, argumenta Baudrillard, está ligada à "abolição de tudo em nós que é humano, demasiado humano: nossos desejos, nossas deficiências, nossas neuroses, nossos sonhos, nossas limitações, nossos vírus, nossas loucuras, nosso inconsciente e até nossa sexualidade – todas as características que fazem de nós seres vivos específicos".

Para ser honesta, fico mais constrangida do que irritada quando leio Baudrillard, Žižek e Badiou, além de outros filósofos reverenciados hoje em dia, pontificando sobre como devemos nos salvar da ameaça das seringas orais (muito usadas nas inseminações caseiras) para proteger o destino desse ameaçado "ser sexuado". E não há equívocos no termo sexuado: para eles, significa uma das duas opções. Aqui temos Žižek descrevendo o tipo de sexualidade compatível com um mundo "mal": "Em dezembro de 2006, as autoridades de Nova York declararam que escolher o próprio gênero (e com isso, se necessário, passar por uma cirurgia de mudança de sexo) é um dos direitos humanos inalienáveis – desse modo, a Diferença máxima, a diferença "transcendental" que fundamenta a própria identidade humana, transforma-se em algo aberto à manipulação. [...] A 'masturbatona' é a forma de sexo ideal desse sujeito transgênero".

Fatalmente afastado da diferença transcendental que fundamenta a identidade humana, o sujeito transgênero é parcamente humano, para sempre condenado ao "gozo idiota da masturbação" no lugar do "verdadeiro amor" que nos torna humanos. Pois, como sustenta Žižek – em referência a Badiou –, "é o amor, o encontro de Dois, que 'transubstancia' o gozo idiota da masturbação num acontecimento propriamente dito".

Essas são as vozes consideradas radicais nos nossos tempos. Que fiquem então com seu amor, seu acontecimento propriamente dito.

2011, o auge das nossas mudanças corporais. Eu grávida de quatro meses; você usando T há seis. Nós, verdadeiros poços de hormônio, resolvemos passar uma semana num Sheraton na praia de Fort Lauderdale, bem na época das monções, para que você retirasse os seios com um bom cirurgião e se recuperasse. Menos de 24 horas depois de chegarmos, eles já lhe enfiaram uma touca cirúrgica na cabeça – um "chapéu de festa", disse a enfermeira, gentil – e a levaram embora, empurrando a maca. Enquanto você enfrentava a faca, eu tomava um chocolate quente empelotado na sala de espera e via Diana Nyad tentando ir da Flórida até Cuba a nado. Ela não conseguiu na época, mesmo usando jaula de proteção contra tubarões. Mas você conseguiu. Apareceu quatro horas depois, dopado, engraçadíssimo, tentando em vão dar uma de dono da festa enquanto sua consciência ia e voltava, as faixas no torso muito mais apertadas do que quando você as enrolava, um dreno pendurado de cada lado, duas bolsas que não paravam de encher com um líquido avermelhado parecendo Ki-Suco de cereja.

Para economizar dinheiro durante a semana, cozinhamos no banheiro do hotel num fogareiro elétrico. Um dia fomos a uma Sport Chalet e compramos uma pequena barraca para montar na praia, porque o aluguel das cabanas era caro demais.

Enquanto você dormia, caminhei tranquila até a praia, montei a barraca e tentei ler *A Dialogue on Love*, de Sedgwick. Mas parecia que eu estava dentro de uma sauna de nylon – nem eu nem meu feto de quatro meses conseguimos suportar. Minha barriga já estava aparecendo, o que era adorável. Talvez haveria um bebê. Uma noite ostentamos todo nosso jeito sóbrio de ser e pagamos oito dólares em daiquiris de morango sem álcool, que tomamos na piscina de borda infinita, que estava lotada de europeus passando férias com pacotes baratos. Estava quente, e o céu estava cor de lavanda por causa da tempestade que se aproximava. Sempre havia uma tempestade se aproximando. Moças e rapazes de irmandades estudantis se amontoavam em qualquer bar que vendesse peixe frito ao longo do calçadão. A multidão era barulhenta, repulsiva e meio assustadora, mas contávamos com a proteção do nosso campo de força. No terceiro dia, fomos de carro ao segundo maior shopping do mundo e andamos durante horas, ainda que o calor sufocante e o início da gravidez me deixassem zonza e exausta, e você ainda estivesse chapado de Vicodin. Entrei na Motherhood Maternity e experimentei algumas roupas usando aquelas barrigas postiças que eles emprestam para a gente ver como vai ficar dali a uns meses. Usando a barriga, experimentei um suéter branco e felpudo de lã com um laço no centro do peito, daqueles que fazem o bebê parecer um embrulho de presente. Comprei o suéter e acabei usando-o em casa o inverno inteiro. Você comprou uma calça de moletom da Adidas que ficou bem sexy. O tempo todo esvaziávamos seus drenos em copinhos descartáveis e despejávamos o líquido no vaso sanitário. Eu nunca tinha te amado tanto quanto amei naquela época, com seus drenos de Ki-Suco, sua coragem de passar por uma cirurgia para ter uma vida melhor, uma vida de vento batendo na pele, seus cochilos no hotel em cima de uma montanha de travesseiros para não incomodar os pontos. "O sono do rei", dizíamos, em homenagem ao primeiro filme que vimos naquela semana pelo *pay-per-view*, *O discurso do rei*.

Depois, no conforto da nossa cama Sheraton Sweet Sleeper®, assistimos a *X-Men: primeira classe*. Em seguida, debatemos: assimilação vs. revolução. Não tenho lá tanta afinidade com a assimilação em si, mas, no filme, os assimilacionistas defendiam a não violência e a identificação com o Outro naquele jeito budista meio corrompido que sempre me pega. Você parecia concordar com os revolucionários, que argumentavam: *continue fora dos padrões e acabe com eles antes que eles acabem com você, porque não importa o que disserem, a verdade é que eles querem a sua morte, e você se engana se pensar o contrário.*

> Professor: Não consigo parar de pensar naquelas pessoas, em todas as mentes que toquei. Consegui sentir o isolamento, as esperanças, as ambições. Nós podemos dar início a algo incrível, Erik. Nós podemos ajudá-las.
>
> Erik Lehnsherr: Podemos? Identificação, tudo começa com ela. Depois acabamos presos, usados como cobaia e executados.
>
> Professor: Preste bastante atenção, meu amigo: matar Shaw não vai te deixar em paz.
>
> Erik Lehnsherr: A paz nunca foi uma opção.

Conversamos amistosamente, mas de alguma maneira nos deixamos cair numa dicotomia desnecessária. Isso é o que tanto odiamos na ficção, ao menos na má ficção – ela pretende oferecer situações para pensarmos questões complexas, quando na verdade tem posicionamentos predeterminados, enche a narrativa com falsas escolhas e nos engancha a elas, obscurecendo nossa percepção e nossas *saídas*.

Enquanto conversávamos, usamos palavras como *não violência, assimilação, ameaças à sobrevivência, preservação da esfera radical*. Mas, quando penso nisso agora, só me lembro do nosso murmúrio de fundo tentando explicar alguma coisa, entre nós e para nós, sobre as experiências que tínhamos vivido até ali neste planeta arrasado e ameaçado. Como costuma acontecer, nossa necessidade de nos fazermos entender era tão intensa que distorceu nossas opiniões, nos jogou de volta dentro do cárcere.

Vocês querem ter razão ou querem se relacionar?, perguntam os terapeutas de casais.

Deleuze/
Parnet

O objetivo não é responder perguntas, é sair, sair disso.

Numa outra ocasião, trocando os canais da TV, paramos num *reality show* sobre uma mulher que se recuperava de uma mastectomia dupla depois de um câncer de mama. Foi estranho vê-la realizar as mesmas ações que realizávamos – esvaziar os drenos, esperar pacientemente o dia de tirar as ataduras –, mas com emoções opostas. Você se sentia aliviado, eufórico, renascido; a mulher na TV tinha medo, chorava e sofria.

Na nossa última noite no Sheraton, no restaurante Dos Caminos, um restaurante "mexicano casual" supervalorizado que ficava dentro do próprio hotel. Você se passa por homem; eu, por grávida. O garçom fala alegremente da própria família, demonstra encanto pela nossa. Por fora, era como se seu corpo estivesse ficando cada vez mais "masculino", e o meu, cada vez mais "feminino". Mas não era essa nossa sensação interna. Por dentro, éramos dois seres humanos passando por transformações um ao lado do outro, testemunhas tácitas um do outro. Em outras palavras, estávamos envelhecendo.

Muitas mulheres descrevem a sensação de um bebê lhes passando pela vagina como a maior cagada de suas vidas. O que não é realmente uma metáfora. A cavidade anal e o canal vaginal se apoiam um no outro; eles também são o sexo que não é um. A constipação é uma das principais características da gravidez: à medida que cresce, o bebê literalmente desfigura e pressiona o intestino, mudando a forma, o ritmo e a plausibilidade das fezes. No final da gravidez, fiquei maravilhada ao descobrir que minhas fezes, depois de finalmente surgirem, tinham forma de bola de árvore de Natal. Depois, durante todo o trabalho de parto, eu não conseguia evacuar de jeito nenhum, como se tivesse plena certeza de que, ao soltar minhas fezes, períneo, ânus e vagina se desintegrariam ao mesmo tempo. Eu também sabia que se, ou quando, conseguisse me livrar das fezes, o bebê provavelmente sairia junto. Mas fazer isso seria *cair para sempre, ser feita em pedaços.*

Antes de dar à luz, folheando a seção de tira-dúvidas das revistas sobre gravidez na sala de espera da clínica de ginecologia e obstetrícia, descobri que uma quantidade surpreendente de mulheres tem uma preocupação análoga, porém distinta, quanto à evacuação e o trabalho de parto (ou isso, ou os editores inventam como estratégia de projeção):

> P: Será que meu marido vai continuar me achando atraente depois de assistir ao meu parto? Afinal, ele vai me ver defecando involuntariamente, com a cabeça de um bebê passando pela minha vagina.

A pergunta me deixou confusa; sua descrição do trabalho de parto não me pareceu tão diferente do que acontece durante o sexo, ou pelo menos algum sexo, ou pelo menos grande parte do sexo que considerei bom até agora.

Ninguém perguntava: *Como me permito cair para sempre, ser feita em pedaços?* Uma pergunta de dentro.

Na cultura *"grrrl"*[9] atual, tenho percebido o domínio da expressão "preciso de X assim como de um pau na minha bunda", sendo X, é claro, justamente aquilo de que você *não* precisa (ou seja, você precisa de um pau na bunda ou de mais um buraco na cabeça assim como o peixe de uma bicicleta, etc.).[10] Sou totalmente a favor de garotas terem autonomia para rejeitar práticas sexuais de que não gostam, e sabe Deus muito bem quantos rapazes hétero adoram meter em qualquer buraco, até os que machucam. Mas temo que essas expressões apenas enfatizem a "ausência constante de um discurso do erotismo anal feminino [...], o fato banal de que, desde a época clássica, *não há no Ocidente um discurso sólido e significativo que dê ao erotismo anal das mulheres alguma importância.* Qualquer importância".

<small>Sedgwick</small>

Sedgwick fez de tudo para colocar o erotismo anal das mulheres no mapa (ainda que ela preferisse o *spanking*, que não é exatamente uma prática anal). Mas embora Sedgwick (e Fraiman) quisesse abrir espaço para que o erotismo anal tivesse *importância*, isso não é o mesmo que investigar *como ele é*. Até a ex-bailarina Toni Bentley, que se esforçou ao máximo para se tornar "a" especialista em sexo anal em sua autobiografia *A entrega*, não consegue escrever uma única frase sobre o assunto sem obscurecê-lo com metáforas, trocadilhos ruins ou aspirações espirituais. E Fraiman enaltece o ânus da mulher principalmente por aquilo que ele não é: a vagina (presumivelmente uma causa perdida, para o sodomita).

---

[9] Riot grrrl é um movimento cultural punk feminista surgido no início dos anos 1990 no estado de Washington, Estados Unidos. Um de seus objetivos é conscientizar as mulheres sobre seus direitos e incentivá-las a lutar por eles. (N.T.)

[10] *"A woman needs a man like a fish needs a bicycle"* [Uma mulher precisa de um homem assim como um peixe precisa de uma bicicleta], frase cunhada pela australiana Irina Dunn e popularizada pela feminista norte-americana Gloria Steinem. (N.T.)

Não estou interessada numa hermenêutica, uma erótica ou uma metafórica do meu ânus. Estou interessada em dar o cu. Estou interessada no fato de que o clitóris, disfarçado de um botão discreto, se expande naquela região como uma arraia, sendo impossível dizer onde seus oito mil nervos começam e onde terminam. Estou interessada no fato de que o ânus do ser humano é uma das partes com mais nervos do corpo, como Mary Roach explicou para Terry Gross num programa de rádio desconcertante que escutei enquanto voltava para casa depois de levar Iggy para tomar as vacinas de um ano. Eu vigiava Iggy o tempo todo pelo retrovisor, para ver se ele teria um colapso neuromuscular como efeito colateral da vacina, enquanto Roach explicava que o ânus tem "muitos e muitos nervos. É porque ele precisa saber a diferença, pela sensação, entre sólido, gás e líquido, e conseguir, seletivamente, soltar um ou talvez todos. Ainda bem que existe o ânus, porque, você sabe, a gente tem de agradecer muito, senhoras e senhores, pelo ânus humano". Ao que Gross responde: "Vamos fazer um pequeno intervalo e voltamos logo. Você está ouvindo o programa *Fresh Air* [ar puro]".

Alguns meses depois da Flórida: você queria transar o tempo todo, cheio de libido por causa dos novos hormônios e do bem-estar renovado com o próprio corpo; eu mergulhava na abstinência, sem querer deslocar a semente humana conquistada a duras penas, deixando o corpo cair de vertigem na cama sempre que eu virava a cabeça – *cair para sempre* –, sentindo náuseas com qualquer toque, como se as células do meu corpo estivessem enjoadas, cada uma delas.

O fato de os hormônios transformarem em náusea a sensação de arrepio provocada pelo vento ou pelos dedos de alguém tocando a pele é um mistério profundo demais para eu conseguir acompanhar ou entender. Os mistérios da psicologia são muito simples em comparação, assim como a evolução me parece infinitamente mais profunda em termos espirituais do que o *Gênesis*.

Nossos corpos foram ficando mais estranhos – para nós, para o outro. Alguns pelos grossos começaram a brotar em novos lugares no seu corpo, e novos músculos a se espalhar em volta do quadril. Meus seios ficaram doloridos por mais de um ano e embora a dor tenha passado, parece que eles pertencem a outra pessoa (e, em certo sentido, como ainda estou amamentando, pertencem). Durante anos, você era cheio de não me toques; agora tira a camisa quando tem vontade, entra sem camisa e todo musculoso em lugares públicos, corre – e nada, inclusive.

Por meio da T, você vivenciou ondas de calor, uma nova adolescência, sua sexualidade descendo do labirinto do seu cérebro e se propagando pelo corpo como fios de um algodoeiro soltos com o vento. Você gostou das mudanças, mas também as sentiu como um tipo de concessão, uma aposta na visibilidade, como no seu desenho de um fantasma que diz: *Sem essa folha, eu seria invisível.* (A visibilidade torna possível, mas também disciplina: disciplina o gênero [*gender*] sexual, disciplina o gênero [*genre*] discursivo.) Por meio da gravidez, tive meu primeiro encontro prolongado com a vacilante, a lenta, a exausta, a incapaz. Sempre achei que dar à luz faria com que me sentisse vasta e invencível, como o *fisting*. Mas mesmo agora, dois anos depois, sinto minhas entranhas muito mais estremecidas do que plenas. E já quase me conformei com a ideia de que essa sensação veio para ficar, que agora cabe a mim – a nós – lidar com essa susceptibilidade. A fragilidade pode ser tão atraente quanto a ousadia? Acho que sim, mas às vezes é difícil encontrar um jeito. Sempre que isso me parece impossível, Harry me dá a segurança de que conseguiremos encontrar um jeito. E assim prosseguimos, nossos corpos descobrindo um ao outro de novo, e de novo, mesmo que eles também estivessem – ou que nós também estivéssemos – *bem aqui*, o tempo todo.

Por motivos que hoje quase desconheço, chorei um pouco quando nosso primeiro técnico de ultrassom – Raoul, um rapaz gentil e aparentemente gay, que usava no jaleco branco um broche prateado com um rabisco de espermatozoide – nos disse, na vigésima semana, que nosso bebê era um menino, sem sombra de dúvida. Acho que precisei lamentar alguma coisa – a fantasia de uma filha feminista, a fantasia de uma eu em miniatura. Alguém cujo cabelo eu poderia escovar, alguém que seria minha aliada mulher numa casa ocupada por um adorável terrier, meu enteado bonito e vaidoso, e uma garbosa *butch* que toma T.

Mas não era meu destino nem do bebê. Menos de 24 horas depois da notícia, eu já tinha aceitado. A pequena Agnes seria o pequeno Iggy. E eu o amaria intensamente. Talvez até lhe escovasse os cabelos! Como você me lembrou depois que saímos da consulta, *Ei, eu nasci mulher e olha só no que deu.*

Apesar de concordar com a afirmação de Sedgwick de que "mulheres e homens se parecem mais entre si do que giz e queijo, raciocínio e criação, acima e abaixo ou 1 e 0", me pegou de surpresa que meu corpo pudesse dar origem a um corpo masculino. Conheço muitas mulheres que sentiram a mesma coisa, mesmo sabendo se tratar da mais comum das maravilhas. Como meu corpo gerou o corpo masculino, senti a diferença entre o corpo masculino e o feminino se dissipar ainda mais. Eu estava dando origem a um corpo com uma diferença, mas o corpo de uma menina também seria um corpo diferente. A principal diferença era que o corpo que eu gerava acabaria saindo de mim para se tornar um corpo próprio. Intimidade radical, diferença radical – no corpo contidas, fora dele, mantidas.

Eu não parava de pensar em algo que a poeta Fanny Howe disse uma vez sobre conceber crianças birraciais, algo sobre como a gente se torna o que cresce dentro de nós. Mas por mais "negra" que Howe tenha se sentido durante a gestação dos seus filhos, ela continuava plenamente ciente de que o mundo lá fora estava só esperando a oportunidade de reforçar a separação de cor. Ela é dos filhos, os filhos são dela. Mas eles sabem e ela sabe que não partilham da mesma sorte.

Essa divisão provocou em Howe a sensação de ser uma agente dupla, principalmente em ambientes só para brancos. Ela se lembra de como, em reuniões no final dos anos 1960, os liberais brancos conversavam abertamente "sobre o medo que sentiam dos negros, os julgamentos que faziam dos negros, e eu tinha de informá-los que meu marido e filhos eram negros, antes de sair afobada". Essa cena não se restringe aos anos 1960. "Essa situação se repetiu tantas vezes, e de formas tão múltiplas, que hoje sempre dou um jeito de fazer uma espécie de revelação involuntária depois de entrar num ambiente de maioria branca para deixar claro desde o início 'de que lado eu estou'", diz Howe. "Nessas ocasiões, mais do que em outras, sinto que minha pele é branca, mas minha alma, não, e que estou camuflada".

Harry me revela um segredo: os homens são muito gentis uns com os outros em público. Sempre se cumprimentam com um "e aí, cara" ou fazem um gesto com a cabeça quando se cruzam na rua.

As mulheres não são assim. Não estou dizendo que as mulheres sejam todas falsas, rancorosas ou algo do tipo. Mas, em público, não fazemos a gentileza de acenar com a cabeça umas para as outras. Tampouco precisamos disso, porque esse gesto também significa afirmar que *não quero violência.*

Durante um almoço com um amigo nosso que é bicha, Harry fala de suas descobertas sobre o comportamento masculino em público. Nosso amigo ri e diz: *Se eu me parecesse com o Harry, talvez também falassem "e aí, cara" para mim!*

Quando algum cara precisa verificar a carteira de identidade ou o cartão de crédito de Harry, há um instante em que a camaradagem entre dois homens cai por terra. Mas não tem como a cordialidade evaporar de uma hora para a outra, principalmente se houve uma interação prévia mais longa, como a que se costuma ter com um garçom no decorrer de uma refeição.

Outro dia fomos comprar abóboras para o Dia das Bruxas. Nos deram um carrinho vermelho para colocá-las enquanto passeávamos pela plantação. Pechinchamos, fizemos "uuuh" e "aaah" para um zumbi mecânico em tamanho real que arrancava a própria cabeça. Ganhamos miniabóboras para nosso bebê fofinho. Até chegar a hora do cartão de crédito. O rapaz fez uma longa pausa, depois perguntou: "Esse cartão é dela, certo?" – apontando para mim. Quase senti pena por ele, que ficou desesperado para normalizar a situação. Eu deveria ter dito que sim, mas fiquei com medo de desencadear outros problemas (*desonesta, nunca* – embora eu saiba que sou capaz de arriscar minha pele, se e quando for preciso; esse princípio é sempre um fantasma incandescente dentro de mim). Ficamos paralisados de um jeito que já nos é familiar, até Harry dizer: "O cartão é meu". Longa pausa, longo olhar de soslaio. Uma sombra de violência costuma pairar sobre essas cenas. "É complicado", Harry finalmente disse, perfurando o silêncio. Por fim, o homem respondeu: "Não, na verdade não é, não", disse ele, devolvendo o cartão. "Não é nada complicado."

Durante o outono da minha gravidez – o que chamei de "trimestre dourado" –, viajei sozinha nos fins de semana, de quinze em quinze dias, para promover meu livro *The Art of Cruelty* pelo país. Logo percebi que teria de trocar minha orgulhosa autossuficiência pela disposição de pedir ajuda – para colocar e retirar a mala do bagageiro no avião, subir e descer as escadas do metrô, etc. Eu recebia ajuda e respondia com grande gentileza. Em mais de uma ocasião, oficiais no aeroporto literalmente bateram continência para mim quando passei arrastando os pés. A cordialidade deles era surpreendente. *Você está carregando o futuro; seja gentil com o futuro* (ou pelo menos uma imagem do futuro, que aparentemente eu conseguia transmitir e a qual nossas forças armadas estavam prontas para defender). Então é essa a sedução da normalidade, eu pensava ao sorrir de volta, empenhada e radiante.

Mas o corpo grávido em público também é obsceno. Ele irradia uma espécie de autoerotismo cheio de si: uma relação íntima está acontecendo – uma relação visível para os outros, mas que decisivamente os exclui. Oficiais podem bater continência para nós, estranhos podem nos parabenizar ou nos oferecer o assento, mas essa privacidade, esse vínculo, também pode irritar. E irrita especialmente os antiaborcionistas, que adorariam apartar a amálgama mãe-filho cada vez mais cedo – com 24 semanas de gravidez, 20 semanas, 12 semanas, 6 semanas... Quanto mais cedo mãe e filho forem legalmente considerados entes separados, mais cedo é possível prescindir de um constituinte da relação: *a mulher com direitos*.

Durante todos os anos em que não senti vontade de engravidar – os anos que passei ridicularizando duramente as "reprodutoras" –, desconfiei em segredo de que as mulheres grávidas choravam de barriga cheia. Ali estavam elas, a cereja do bolo da cultura, sendo elogiadas por fazer exatamente o que se espera que as mulheres façam, e mesmo assim se sentem desamparadas e discriminadas. Dá um tempo! Depois, quando quis engravidar e não conseguia, senti que as mulheres grávidas tinham o bolo que eu queria e não paravam de reclamar do gosto da cobertura.

Eu estava errada em todos os aspectos – aprisionada, como fui e ainda sou, pelos meus próprios medos e esperanças. Não estou tentando consertar meu erro, mas sim estendê-lo no varal.

Agora me imagine, como uma boneca grávida de recortar, numa "prestigiada universidade de Nova York", dando uma palestra sobre meu livro que trata da crueldade. Durante o debate final, um dramaturgo bem conhecido levanta a mão e diz: *Não pude não notar que você está esperando um bebê, o que me leva à questão – como você consegue lidar com todos esses assuntos obscuros [sadismo, masoquismo, crueldade, violência, etc.] estando nessa condição?*

Ah, claro, eu penso, pressionando o joelho contra o púlpito. Vamos deixar o nobilíssimo homem branco trazer a palestrante de volta para seu corpo, de modo que ninguém perca o extraordinário e paradoxal espetáculo, *a grávida que pensa* – o que não passa de uma versão ampliada daquele outro paradoxo mais geral, *a mulher que pensa.*

Como se alguém estivesse perdendo o espetáculo. Como se uma cena semelhante não tivesse acontecido praticamente em todos os lugares por onde passei lançando meu livro. Como se quando eu mesma visse mulheres grávidas na esfera pública algo não me martelasse na cabeça, algo que ameaça abafar todos os outros pensamentos: *grávida, grávida, grávida,* talvez porque a alma (ou as almas) no útero pulsam uma estática, a estática que perturba nossa percepção comum do outro como um outro único. A estática de encararmos não um, mas também não dois.

Durante as irritantes sessões de perguntas e respostas, a turbulência dos pousos e das decolagens, as desagradáveis reuniões de professores, eu colocava as mãos na minha barriga cada vez maior e tentava me comunicar em silêncio com o ser que habitava a escuridão. Onde quer que eu fosse, lá estava também o bebê. Olá, Nova York! Olá, banheira. Apesar disso, os bebês têm vontade própria; que se torna visível na primeira vez que o meu estica a perna como se minha barriga fosse uma cabaninha. Durante a noite, ele encontra posições esquisitas e me obriga a implorar: *Vamos lá, meu pequeno! Tira o pé dos meus pulmões!*. E quando a gente começa a procurar problemas, como eu procurava, talvez até veja o corpo do bebê se desenvolvendo de modo a machucá-lo, sem poder fazer nada a respeito. Impotência, finitude, paciência. Você está criando o bebê, mas não *diretamente*. Você é responsável pelo bem-estar dele, mas incapaz de controlar os elementos fundamentais. Você permite que ele se forme, nutre seu desenvolvimento, o sustenta. Mas ele se forma porque as células dele estão programadas para tal. Você não pode reverter a formação de algum transtorno cromossômico ou estrutural tomando a dose certa de chá orgânico.

Por que temos de examinar os rins dele e nos desesperar com seu tamanho toda semana se já decidimos que não vamos interromper a gravidez nem assumir nenhum tratamento antes de ele nascer?, eu perguntava à médica enquanto ela passava o pegajoso aparelho de ultrassom na minha barriga, aparentemente pela milésima vez. *Bom, a maioria das mães quer saber o máximo possível da condição de seus filhos*, disse ela, evitando meu olhar.

Para dizer a verdade, quando comecei a tentar engravidar, achei que já teria terminado meu projeto sobre crueldade e passado para algo mais "alegre", para que o bebê fosse assistido no útero por alguma coisa mais "para cima". Mas não deveria ter me preocupado – engravidar não só demorou mais tempo do que eu queria, como também a própria gravidez me ensinou como essa esperança era irrelevante. Os bebês crescem numa espiral de esperança e medo; conceber lança a gente ainda mais fundo nessa espiral. Não é cruel lá dentro, mas é escuro. Eu teria explicado isso para o dramaturgo, mas ele já tinha saído da sala.

Depois desse debate específico, uma mulher me procurou e disse que tinha acabado de terminar um namoro com uma mulher que queria apanhar durante o sexo. *Ela estava tão ferrada*, disse ela. *Tinha um histórico de abuso. Precisei falar que eu não conseguia fazer aquilo, eu não poderia ser aquela pessoa.* Ela parecia me pedir algum conselho, então falei a única coisa que me passou pela cabeça: que eu não conhecia a outra mulher, então para mim parecia claro que a perversão das duas não era compatível.

Até atos genitais idênticos significam coisas bem diferentes para pessoas Sedgwick *diferentes.* É um princípio importante, mas também difícil. Ele nos lembra que existe uma diferença exatamente onde buscamos e esperamos comunhão.

Quando completei 28 semanas de gravidez, fui internada com um sangramento. Enquanto discutíamos um possível problema na placenta, uma médica disse, irônica: "Que não seja isso, porque para o bebê não teria complicação, mas para você, talvez". Pressionando um pouco, entendi o que ela queria dizer: naquela situação específica, o bebê provavelmente sobreviveria, mas eu, não.

Ora, eu amava intensamente meu bebê, conquistado com tanto esforço, mas não estava nem um pouco preparada para me despedir deste vale de lágrimas em prol da sobrevivência dele. Tampouco acho que as pessoas que me amam seriam solidárias com uma decisão dessas – decisão que médicos e médicas do mundo inteiro têm a obrigação de tomar, e que os antiaborcionistas fanáticos buscam aqui.

Uma vez eu estava indo de táxi para o aeroporto JFK, em Nova York, passando por aquele cemitério espantosamente abarrotado ao longo da via expressa Brooklyn-Queens (Calvário?). O motorista olhou pensativo para as lápides cravadas no monte e disse: *Muitos túmulos são de crianças. É provável*, respondi com certo tremor, cansada de lidar durante anos com os monólogos desnecessários dos taxistas sobre como as mulheres devem viver ou se comportar. É bom quando as pessoas morrem ainda criança, disse ele. *Elas vão direto para o Paraíso, porque são inocentes.*

Durante a noite que passei sem dormir, em observação por causa da placenta, me lembrei desse monólogo. Fiquei pensando se, em vez de se esforçarem para realizar o sonho do parto imposto no mundo todo, os inimigos do aborto ficassem felizes com todas as almas inocentes e não nascidas que iriam direto da mesa cirúrgica para o Paraíso, sem desviar por este covil de injustiças que transforma todas nós em prostitutas (sem falar em beneficiárias da previdência social). Será que assim a gente se livraria deles de uma vez por todas?

Nunca na minha vida me senti mais a favor do aborto do que quando estava grávida. E nunca entendi, de maneira mais ampla, uma vida que começa na concepção, nem nunca me empolguei tanto assim com uma. As feministas nunca vão fazer um adesivo de carro escrito É UMA ESCOLHA *E* UMA CRIANÇA, mas é claro que se trata disso, sabemos. Não precisamos esperar que George Carlin solte a língua numa comédia *stand-up*. Não somos idiotas: entendemos os riscos. Algumas vezes escolhemos a morte. Eu e Harry às vezes brincamos que as mulheres deveriam ter muito mais do que 20 semanas de gravidez –

talvez até dois dias depois do nascimento – para decidir se querem ou não ficar com o bebê. (Estou brincando, ok?)

Guardei muitas recordações para Iggy, mas admito que joguei fora um envelope com umas 25 fotografias de ultrassom que mostravam o pênis e os testículos dele dentro do útero, que uma técnica loira e jovial, de rabo de cavalo, imprimia para mim toda vez que eu fazia o exame. *Uau, ele deve ter orgulho do material*, dizia ela antes de apertar IMPRIMIR. Ou, *ele realmente gosta de se exibir!*

Jesus Cristo, deixa ele rolar para onde quiser dentro da bolsa, eu pensava, antes de fechar a cara e guardar na carteira os genitais trípticos do meu filho, semana após semana. Deixe-o alheio – pela primeira e última vez, talvez – à tarefa de performar um si-mesmo para os outros, alheio ao fato de que nos desenvolvemos, ainda no útero, em resposta a um fluxo de projeções e reflexões que ricocheteiam de nós. Por fim, chamamos essa bola de neve de "eu" (*Argo*).

Acho que uma maneira divertida de considerar essa bola de neve seria dizer que a subjetividade é extremamente relacional, além de estranha. *Nós somos pelo outro, ou em virtude do outro.* Nas últimas semanas de gravidez, caminhei todos os dias no Arroyo Seco, listando em voz alta todas as pessoas do planeta que aguardavam para amar Iggy, esperando que essa promessa de amor acabasse trazendo-o para o mundo aqui fora.

Quando o dia do parto estava quase chegando, confessei para Jessica, a mulher que me assistiria no parto, que eu estava com medo de não produzir leite, porque sabia de mulheres que não produziam. Ela sorriu e disse: *Você já tem leite.* Vendo que não me convenci, ela disse: *Quer que eu te mostre?* Concordei, puxando envergonhada o seio para fora do sutiã. Com um gesto deslumbrante, ela fechou a mão como um bico e puxou com força o bico do meu peito. Um anel de gotículas brancas se formou em meu mamilo, indiferente às minhas dúvidas.

Segundo Kaja Silverman, a busca de um Deus paternal acontece logo depois que a criança reconhece que a mãe não pode protegê-la contra todos os males, que seu leite – literal ou figurativo – não resolve todos os problemas. À medida que a mãe humana se mostra como ente separado e finito, ela provoca uma grave decepção. Na sua fúria pela finitude maternal, a criança se volta a um patriarca todo-poderoso – Deus – que, por definição, não pode decepcioná-la. "A tarefa extraordinariamente difícil imposta à cuidadora primordial da criança, não só pela cultura, mas também pelo próprio Ser, é introduzi-la na relacionalidade dizendo repetidas vezes, e de diversas maneiras, o que a morte também vai ensinar de outra maneira: 'Aqui é onde você termina e os outros começam'. Infelizmente, essa lição quase nunca se 'aprende', e a mãe costuma transmiti-la a um custo enorme para si mesma. A maioria das crianças responde à satisfação parcial de suas demandas com muita raiva, uma raiva baseada na crença de que a mãe está escondendo alguma coisa na sua capacidade de prover."

Entendo que, se a cuidadora não ensina a lição do "eu" e do "não eu" para a criança, pode não criar um espaço adequado para si mesma. Mas por que ensinar essa lição custa tanto? E que custo é esse? Aguentar a raiva da criança? Não deveríamos ser capazes de aguentar essa raiva?

Silverman também defende que as exigências do bebê em relação à mãe podem ser "bem satisfatórias para o narcisismo da mãe, uma vez que atribuem a ela a capacidade de satisfazer a carência do infante, e assim – por extensão – sua própria carência. Como a maioria das mulheres na nossa cultura têm o ego ferido, a tentação de se banhar no sol dessa idealização muitas vezes é irresistível". Tenho visto algumas mães usando seus filhos para preencher uma falta, apaziguar seu ego ferido ou se banhar no sol da idealização de maneiras que parecem patológicas. Mas, na maioria das vezes, elas já eram patológicas antes de ter filhos. E teriam uma relação patológica até com um suco de cenouras. Tendo grande influência lacaniana, o horizonte de Silverman não parece amplo o suficiente para incluir um gozo que não derive do preenchimento de um vazio, ou o amor que não seja mero bálsamo para uma ferida. Pelo que vejo, os prazeres mais compensadores do mundo oscilam entre agradar o outro e agradar a si mesmo. Algumas pessoas chamam isso de ética.

Silverman acredita, no entanto, que esse ciclo poderia ou deveria mudar: "Nossa cultura deveria dar suporte [às mães], fornecendo representações ativas da finitude maternal, mas, em vez disso, ela mantém viva em todas nós a crença tácita de que [a mãe] *poderia* satisfazer nossos desejos se realmente *quisesse*". Como seriam essas "representações ativas"? Melhores papéis para as mulheres nos filmes de Hollywood? Livros como este? Eu não quero representar nada.

Ao mesmo tempo, cada palavra que escrevo poderia ser lida como algum tipo de defesa, ou afirmação de valor, daquilo que sou, do ponto de vista que aparentemente tenho a oferecer ou daquilo que vivi – independentemente do que seja. *A gente aprende muito sobre as pessoas desde o primeiro segundo em que abrem a boca. No mesmo instante a gente já sabe se quer ou não mantê-las à distância.* Isso faz parte do horror da fala, da escrita. Não há onde se esconder. Quando a gente tenta se esconder, o espetáculo pode ficar grotesco. Pense na tentativa preventiva de Joan Didion, em *Noites azuis*, de aniquilar a ideia de que sua filha, Quintana Roo, tivera uma infância privilegiada. "O 'privilégio' é uma opinião. O 'privilégio' é uma acusação. O 'privilégio' continua sendo um aspecto que – quando penso no que [Quintana] passou, quando penso no que aconteceu depois – não vou aceitar com facilidade." Observações de lástima, uma vez que seu relato do que "aconteceu depois" – a morte de Quintana, logo depois da morte do amado marido de Didion – dá destaque ao assunto mais interessante, embora negado, de Didion: o privilégio econômico não é proteção contra todo sofrimento.

Quero falar da minha experiência e apresentar meu modo particular de pensar, mesmo que não valha de nada. Também quero aceitar com facilidade meu abundante privilégio – com exceção da ideia ridícula de privilégio como algo que deveríamos "facilmente aceitar", como em "aceite uma vez e pronto". O privilégio *satura*, o privilégio *estrutura*. Mas também nunca tive menos interesse em defender a correção, muito menos a justeza, de qualquer posição ou orientação específi- *Deleuze/ Parnet* ca. *Que outra razão existe para escrever além de ser traidor de seu próprio reino, traidor de seu sexo, de sua classe, de sua maioria? E ser traidor da escritura.*

O medo da asserção. Sempre tentar sair da linguagem "totalizadora", isto é, a linguagem que atropela a especificidade; perceber que essa é uma nova forma de paranoia. Barthes encontrou a saída desse carrossel lembrando-se de que "a linguagem é assertiva, não ele". É absurdo, diz Barthes, tentar fugir da natureza assertiva da linguagem "acrescentando a cada frase alguma expressão de incerteza, como se algo vindo da linguagem pudesse fazer estremecer a linguagem".

Minha escrita é repleta desses tiques de incerteza. Não tenho desculpa nem solução além de me permitir os tremores, depois retornar a eles e riscá-los. Assim me insiro numa coragem que não me é nativa nem estrangeira.

Às vezes me canso dessa abordagem e de suas preconcepções de gênero. Durante anos tive de me treinar para retirar o *desculpe* de quase todo e-mail que eu escrevia; do contrário, todos eles começavam com "Desculpe o atraso", "Desculpe a confusão", "Desculpe *qualquer coisa*". *Basta ler algumas entrevistas com mulheres de destaque para vê-las se desculpar.* Mas minha intenção não é criticar o poder da desculpa: continuo usando a palavra quando quero mesmo dizer aquilo. E com certeza existe muita gente que eu gostaria de ver tremendo mais, se desculpando mais, desconhecendo mais.

Monique Wittig

Enquanto vejo *Puppies & Babies*, de Steiner, só consigo pensar no "diário visual" de Nan Goldin, *The Ballad of Sexual Dependency*, de 1986 – outra série de fotografias que dá testemunho de amigos, amantes e ex que fazem parte da turma da fotógrafa. Como sugerem os títulos das exposições [*Filhotes e bebês* e *Balada da dependência sexual*], no entanto, a diferença de clima entre as duas é gritante. Uma das fotografias mais goldinescas em *Puppies & Babies* é uma interna, fora de foco, da bailarina Layla Childs (ex-namorada de Steiner), seminua e olhando inexpressiva para a câmera, banhada por uma luz vermelha bem fraca. Mas em vez de exibir o rosto borrado de lágrimas ou as contusões de um espancamento recente, o que seria típico de *Ballad*, Childs está tirando leite dos seios usando um sutiã próprio, com duas bombas elétricas.

Para muitas mulheres, tirar leite dos seios é uma atividade extremamente particular. Também pode ser um desafio físico e emocional, pois faz a mulher se lembrar de seu caráter animal de mãe que amamenta: ela não passa de uma mamífera cujo leite é drenado de suas glândulas. No entanto, praticamente não há imagens que mostrem a extração de leite materno fora dos manuais das bombas sugadoras (e da pornografia). Palavras como *colostro, vazamento* e *leite do início e do final* surgem na nossa vida como hieróglifos de uma civilização perdida. Então aqui, a presença da câmera de Steiner – e o olhar firme do sujeito – parece perturbadora e estimulante. Isso acontece especialmente quando pensamos em como fotógrafas como Goldin (ou Ryan McGinley, Richard Billingham, Larry Clark, Peter Hujar, Zoe Strauss), ao evocar o perigo, o sofrimento, a doença, o niilismo ou a abjeção, muitas vezes fazem a gente sentir como se tivesse visto algo radicalmente íntimo. Na fotografia íntima que Steiner faz de Laura Childs, a transmissão de fluidos proposta tem a ver com a nutrição. *Por pouco não consigo imaginar.*

Mas ainda que extrair leite possa ter a ver com nutrição, não tem nada a ver com comunhão. As mães extraem leite porque às vezes não podem alimentar o filho pessoalmente, seja por escolha ou por necessidade. Extrair o leite, portanto, é a admissão de uma distância, da finitude maternal. Mas é uma separação, uma finitude, cheia de boas intenções. Extraindo o leite ou não, geralmente é o melhor que temos para dar.

Uma vez dei a entender que tinha escrito metade de um livro bêbada, e a outra metade sóbria. Calculo que 90% das palavras deste livro foram escritas "livres", e os outros 10% enquanto eu estava presa a uma bomba tira-leite: palavras amontoadas numa máquina, leite drenado por outra.

A expressão "toxicidade materna" se refere a mães cujo leite é uma mistura de sustento e veneno. Se você rejeita o veneno, também rejeita o sustento. Uma vez que hoje o leite materno humano contém venenos no sentido literal, de solventes de tintas a produtos de lavagem a seco, desodorizantes de banheiro, combustível aeroespacial, DDT e retardantes de chamas, não temos como fugir. A toxicidade hoje tem a ver com o teor de concentração aceitável dessas substâncias. Os bebês não têm escolha – tomam o que podem obter na sua luta para continuar vivos.

Só comecei a pensar nesse dilema depois de trabalhar durante muitos anos num bar regularmente eleito como "o paraíso dos fumantes" num guia de viagens de Nova York. Eu tinha parado de fumar poucos meses antes de aceitar o emprego, principalmente porque o cigarro me fazia sentir muito mal, e agora gastava centenas, se não milhares de dólares, em acupuntura para ajudar a melhorar o inchaço dos linfonodos e a dificuldade de respirar – consequências de inalar uma fumaça que nem era minha. (Acabei saindo do emprego cerca de um mês antes de a lei antifumo do prefeito Bloomberg entrar em vigor; nas minhas últimas horas de trabalho, dei uma entrevista em segredo para os defensores da lei antifumo, para ajudar na causa.) Todas as pessoas com quem eu reclamava na época diziam, sabiamente: *Por que você não muda de emprego? Nova York tem bares e restaurantes às centenas.* Minha terapeuta, cujas sessões eu só podia pagar se sufocasse durante mais um turno de trabalho, sugeriu que eu ajudasse adolescentes ricos a estudarem para as provas para entrar na universidade, o que me deu vontade de lhe socar a cara. Como explicar? Eu já tinha trabalhado numa centena de restaurantes em Nova York, e finalmente havia encontrado um onde eu ganhava na semana mais do que ganharia no semestre inteiro como professora adjunta (a outra opção possível). Eu também pensava que – como uma semente de Karen Silkwood – se *"eles"* (sejam quem forem) *me deixam trabalhar aqui, não pode ser tão ruim assim, não é?*

Mas era. As notas que eu guardava debaixo do colchão eram quase úmidas de fumaça, e ficavam assim até o dia de pagar o aluguel. Mas só agora entendo que o emprego me supria outra necessidade: a companhia constante de alcoólatras aparentemente piores do que eu. Ainda consigo vê-los: o proprietário calado que tinha de ser colocado no banco de trás do táxi de manhãzinha, depois de apagar por causa das Rolling Rocks e das doses de Stolichnaya que lhe servíamos, juntando as gorjetas gordas que recebia; os punks suecos que tomavam uma dose atrás da outra de vodca curtida com jalapeño, misturada com café gelado (Swedeball, como chamávamos); os dentes podres de um famoso sonoplasta; o homem que inexplicavelmente tirou o cinto depois de tomar alguns Hurricanes e começou a açoitar outro cliente; a mulher que estacionou o carro no subsolo do bar e esqueceu o bebê lá dentro... esses exemplos, e a facilidade de me considerar muito prudente comparada a eles, renderam-me mais alguns anos acreditando que o álcool era mais precioso do que tóxico para mim.

Adam Phillips/ *O si-mesmo que não tem apegos solidários é fictício ou lunático. [...]*
Barbara Taylor *Despreza-se a dependência mesmo nas relações íntimas, como se ela fosse incompatível com a autoconfiança, e não a única coisa que a torna possível.*

Aprendi esse desdém com minha mãe; talvez tenha se misturado ao meu leite. Por causa disso, preciso ficar atenta à tendência de tratar as necessidades dos outros como repulsivas. Hábito resultante: buscar quase toda minha autoestima no sentimento de supercompetência, uma crença irracional, porém fervorosa, na minha própria autossuficiência.

Você é ótima aluna porque não tem bagagem, me disse um dia a professora, e naquele momento eu senti que o subterfúgio da minha vida estava completo.

Um dos presentes de se reconhecer escrava de uma substância é atravessar esse subterfúgio. No lugar de uma autonomia exaustiva, surge a simples aceitação da dependência, e seu alívio subsequente. Sempre estarei disposta a guardar minha merda só para mim da melhor maneira que eu puder, só que não estou mais interessada em esconder minhas dependências para parecer superior a quem está visivelmente mais destruído ou machucado. A maioria das pessoas decide, em determinado momento, que é *melhor* [...] *se encantar pelo que é empobrecido* Butler *ou abusivo do que não se encantar de modo algum e assim perder a condição de seu ser e de seu devir.* Fico feliz por não estar nesse lugar, mas também por ter estado nele, por saber como ele é.

Sedgwick foi uma pluralista famosa, uma maximalista instintiva que proferia e celebrava sua preferência pela profusão como "arte gorda". Celebro essa arte gorda, mesmo que na prática eu seja mais uma minimalista serial – uma empregada, por mais que produtiva, do condensado. Acho que sou mais empirista do que filósofa ou pluralista, uma vez que *meu objetivo não* Deleuze/ *é redescobrir o eterno ou universal, mas encontrar as condições que* Parnet *possibilitam que algo novo seja produzido* (criatividade).

Nunca me considerei uma "pessoa criativa" – escrever é meu único talento, e escrever sempre me pareceu mais esclarecedor do que criativo. Mas, ao contemplar essa definição, me pergunto se é possível ser uma pessoa criativa (ou queer, ou feliz, ou realizada) *apesar* de si mesma.

Basta. Pode parar agora: a frase que Sedgwick dissera querer ouvir sempre que estivesse sofrendo. (Basta de dor, basta de alarde, basta de realizar, basta de falar, basta de tentar, basta de escrever, basta de viver.)

A *capacidade* de criar um bebê. O modo como um bebê literalmente *abre espaço* onde antes não havia. A protuberância de cartilagem onde minhas costelas costumavam se juntar no esterno. O declive que antes não havia na parte inferior da minha caixa torácica quando viro para a direita ou para a esquerda. O rearranjo dos órgãos internos, a pressão ascendente nos meus pulmões. A poeira acumulada no umbigo quando ele finalmente se dilata para fora, revelando o fundo – finita, afinal de contas. A sensação áspera no meu períneo depois do parto, o modo como meus seios se enchem de leite é como um orgasmo, mas mais doloroso, poderoso como uma chuva forte. Enquanto um mamilo é sugado, o outro às vezes esguicha – sem parar.

Quando eu estava escrevendo sobre o poeta James Schuyler na faculdade, meu orientador percebeu de passagem que eu parecia estranhamente envolvida pela ideia de flacidez de Schuyler. Os comentários dele sobre a questão me deixaram culpada, como se ele achasse que eu quisesse neutralizar ou castrar Schuyler, uma Solanas enrustida. Eu não queria, pelo menos não de maneira consciente. Eu simplesmente gostava de como Schuyler parecia expressar, principalmente em seus poemas longos, uma pulsão de fala ou de criação diferente do desejo em qualquer sentido sexual sublimado. Ele tinha um olhar que perscruta, para ser exata (aqui ele está num supermercado: "Peguei / um carrinho, fui transitando / os corredores de um lado para o outro tentando uma visão frontal / tentando ver o quanto ele era / Dotado e como era seu rosto"). Mas para mim sua poética é revigorante por não tender ao poder, nem à perversão. É uma poética esmorecida, como tantas flores às quais ele prestou homenagem.

Esse esmorecimento pode ter, em parte, uma raiz química. Como Schuyler escreve em "The Morning of the Poem":

"Lembre-se do que / disse o médico: estou: me lembrando e distante [da bebida]: nem tão difícil / é assim (de fato): sabia que um dos efeitos colaterais / do Antabuse / é a impotência? / Não que eu precise de ajuda / nesse aspecto". O que se expele de clímax no fim do poema não é esperma, mas urina. Ao se lembrar de uma noite em que se embebedou de Pernod em Paris, Schuyler escreve: "Consegui: eis-me ali, enfrentando o urinol: / baixo o zíper ponto a ponto e ponho a mão direita / na abertura: terrível trauma, não haveria como passar a intumescida ferramenta de uma mão para outra / sem esguicho (dentro da calça), como quando Moisés bate na rocha: então / eu fiz: havia urina por toda Paris, camiseta e calça, leves manchas de sol".

"The Morning of the Poem" tem como cenário, como muitos poemas de Schuyler, a casa de sua mãe em East Aurora, Nova York. Enquanto ele alterna entre memória e relato, sua mãe passeia pela casa, ouve rádio à noite, deixa a louça na pia *daquele jeito*, assiste a programas na TV, faz piada com o tamanho de um gambá no lixo e discute com Schuyler por ele querer deixar as janelas abertas na chuva ("'*Eu* é que terei de limpar'", repete ela, o refrão maternal). O outro grandioso poema épico de Schuyler, "A Few Days", finaliza a história da mãe com os seguintes versos: "Margaret Daisy Connor Schuyler Ridenour, / descanse bem, / finda a penosa jornada".

Sinto ser importante parar e homenagear o fato de que mães-de-muitos-gêneros do meu coração – Schuyler, Ginsberg, Clifton, Sedgwick – são ou foram criaturas corpulentas. ("A quem me refiro quando digo que 'não há nada de errado conosco?'", pergunta o poeta Fred Moten. "Aos gordos. Aos que estão sempre fora do lugar por mais que estejam em algum lugar preciso [...] Meus primos. Todos os meus amigos.") Ou, como escreve o poeta CAConrad: "Ter origem no lixo social tem vantagens que os endinheirados parecem não entender.

Durante anos vi amigos cujos pais são médicos e banqueiros viverem *com medo* (mesmo quando se rebelavam) de não realizarem o suficiente, de não serem bons o suficiente, limpos o suficiente, em especial de *não serem* magros o suficiente. [...] Agora, se não se importa, marquei com um sabichão delicioso e bom de boca, que está levando para minha casa um pudim de chocolate fresquinho e spray de chantili!".

Mas ao mesmo tempo seria hipócrita de minha parte não reconhecer que, em termos literais, ter um corpo esguio e franzino está relacionado há muito tempo à minha noção de si-mesmo, e até à minha noção de liberdade.

Não é nenhuma surpresa – minha mãe e todos da família são obcecados com a magreza como sinal de aptidão física, moral e econômica. O corpo magro da minha mãe, e sua obsessão eterna em ter *zero de gordura*, quase me faz duvidar de que um dia ela carregou duas filhas dentro de si. (Engordei 25 quilos grávida do Iggy – medida que estarreceu minha mãe e me deu o prazer da desobediência tardia.) Uma vez minha mãe viu a própria sombra na parede de um restaurante, e antes de se dar conta de que era sua própria sombra, disse que parecia um esqueleto. *Olha como todo mundo é gordo*, diz minha mãe, boquiaberta, toda vez que visitamos Michigan, a cidade onde nasceu. Sua magreza é prova de que ela evoluiu longe de lá.

O escritor é alguém que brinca com o corpo da mãe. Sou escritora; devo brincar com o corpo da minha mãe. Schuyler brinca; Barthes brinca; Conrad brinca; Ginsberg brinca. Por que para mim é tão difícil? Porque embora eu tenha conhecido meu próprio corpo como mãe, e embora possa pensar no corpo de uma multidão de estranhas como sendo minha mãe (meditação budista básica), ainda tenho dificuldade de imaginar o corpo da minha mãe como minha mãe.

Consigo evocar facilmente a memória do corpo do meu pai, embora ele tenha morrido há mais de trinta anos. Consigo imaginá-lo no chuveiro – pele bronzeada, avermelhada, o vapor, ele cantando. Consigo me lembrar da leve oleosidade dos cachos na nuca, cachos que hoje estão em Iggy. Consigo me lembrar de como lhe caíam certas roupas: o suéter cinza de tricô trançado e a velha calça Levi's – seu traje diário. Ele era uma mistura densa de calor, energia, alegria, sexualidade e música. Eu o admirava.

Acho minha mãe bonita. Mas seus sentimentos negativos em relação ao próprio corpo geram um campo de força que afasta qualquer apreciação possível. Sei tudo de cor: Peitos, pequenos demais. Bunda, grande demais. Rosto, de passarinho. Braços, velhos. E não tem a ver só com a idade – ela desmerece a própria aparência até nas fotografias de quando era criança.

Não sei por que ela nunca se achou bonita. Acho que esperei a vida toda por isso, como se a autoestima de alguma forma estivesse prestes a me presentear com seu corpo. Hoje entendo: ela já me deu seu corpo.

Às vezes imagino sua morte e sei que seu corpo, com todos os detalhes, vai me invadir por inteiro. Não sei como sobreviverei a isso.

Sempre detestei Hamlet – o personagem – por causa da misoginia de seus lamentos depois que a mãe se casa de novo. Sei que dentro de mim, no entanto, carrego o âmago de Hamlet. E tenho provas, na verdade: um diário da infância, no qual jurei um dia me vingar de minha mãe e meu padrasto por terem um caso, o que destruiu o casamento dos meus pais. (A morte prematura do meu pai infelizmente aconteceu pouco depois.) Jurei no meu diário que eu e minha irmã ficaríamos para sempre com o fantasma do meu pai, que agora nos observava lá de cima, ferido e traído.

Também como Hamlet, tive mais raiva da minha mãe do que do meu padrasto, que basicamente era um estranho. Ele era o pintor de paredes, vestido com calças brancas, que às vezes ficava até anoitecer quando meu pai estava viajando a trabalho. Nessas noites, eu e minha irmã fazíamos teatrinho ou dançávamos para ele e minha mãe: bobas da corte para a rainha e o falso rei. Não demorou para que ele e minha mãe trocassem alianças. Quando o reverendo pediu para baixarmos a cabeça e unirmos as mãos em prece, permaneci imóvel, uma sentinela.

Enquanto durou o casamento dos dois, me pareceu que o corpo maternal de minha mãe foi substituído pelo corpo desejoso. Pois eu sabia que meu padrasto não era apenas seu objeto de desejo. Eu sabia que ela o considerava a *verdadeira* encarnação de seu desejo. Essa crença fez com que a depressão da minha mãe fosse ainda mais forte quando ele a deixou, vinte e poucos anos depois, confessando todas as infidelidades possíveis enquanto saía pela porta.

Eu o odiei por magoá-la. Eu a odiei por se deixar magoar.

Quando eu era adolescente, minha mãe tentou me explicar, em termos mais adultos, por que havia se separado do meu pai. Mas mesmo aos treze anos eu não sabia o que fazer com essa ideia de que ela precisava se separar "para ter uma chance de felicidade". Meu pai me parecia a encarnação da felicidade na terra; sua morte fortaleceu ainda mais essa impressão. Por que ele não era bom o suficiente? *Ele me disse que eu poderia trabalhar fora se quisesse, desde que as camisas dele continuassem lavadas e passadas para ele trabalhar no dia seguinte,* minha mãe me disse. A feminista em mim não se comoveu. *Você não podia dizer que não queria passar as camisas dele e seguir adiante?*

Quando meu padrasto foi embora, eu e minha irmã ficamos aliviadas, mas também tristes. O intruso finalmente havia sido expulso. A mãe sodomítica desapareceria e o corpo maternal seria nosso, finalmente.

Não admira, portanto, que minha mãe tenha pegado a gente de surpresa quando disse que se casaria de novo, alguns anos depois. Quando ela e seu futuro marido nos deram a notícia num jantar preparado, para nossa surpresa, com esse propósito, vi minha irmã ficar vermelha de raiva e depois, ansiosa, esticar a mão para pegar o vinho capaz de contê-la. *Bom, se o casamento for em junho, eu não vou*, disse ela, nervosa. *Junho é quente demais para qualquer casamento. Se for em junho, eu não vou*. Ela estava acabando com o clima, e eu a amava por isso.

Mas dessa vez, até onde sei, minha mãe não transformou o marido na encarnação de seu desejo, embora o ame demais. E ele, até onde sei, não tenta dissuadi-la de sua autodepreciação, mas também não a estimula. Ele simplesmente a ama. Estou aprendendo com ele.

Cerca de 24 horas depois de eu dar à luz Iggy, uma moça gentil do hospital, que havia testado a audição dele, me deu uma cinta para o abdômen, basicamente uma faixa elástica branca gigantesca, com um velcro para fechar na cintura. Agradeci, pois parecia que minhas entranhas iam escorregar para fora e cair direto no chão. *Cair para sempre, ser feita em pedaços.* Talvez a cinta pudesse manter a mim, a tudo, no lugar. Quando me entregou a cinta, ela piscou e disse: *Obrigada por fazer sua parte para que a América continue bonita.*

Voltei espartilhada e cambaleando para o quarto – minha gratidão agora maculada pela perplexidade. *Que parte? Ter um filho? Tomar providências contra a flacidez? Não ser feita em pedaços?*

Acontece que essa flacidez é irritante. Essa massa de pizza em forma de pele, pendurada em dobras onde antes havia a firmeza de uma pele grávida.

Não fique achando que você perdeu seu corpo, aconselha um site sobre pós-parto. *Pense que você o deu para seu filho.*

Eu dei meu corpo para meu filho. Eu dei meu corpo para meu filho. Não tenho certeza se o quero de volta, ou em que sentido eu poderia tê-lo.

Durante todo o meu delírio de pós-parto, me encontrei ociosamente clicando em artigos na página da AOL (sim, AOL) sobre celebridades que recuperam a forma ou voltam a ser sexys depois de terem filhos. Ela é banal, porém implacável: a obsessão por quem engravidou, quem está mostrando a barriga e quem teve a vida transformada com a chegada iminente do todo-poderoso e cobiçado BEBÊ de repente se transforma, num piscar de olhos, na obsessão pelo desaparecimento das marcas corporais de quem carregou o todo-poderoso e cobiçado BEBÊ, pela recuperação da vida sexual, da carreira e do peso da mulher, *como se absolutamente nada tivesse acontecido.*

Quem se importa com o que ELA quer fazer? É dever conjugal dela superar um fenômeno físico exaustivo que literalmente reorganizou seus órgãos, esticou suas partes para além do concebível e a fez atravessar, o mais rápido possível, um portal que separa a vida da morte. Como neste texto que uma mulher escreveu no Marriage Missions, um site cristão que visa "ajudar pessoas casadas e que se preparam para casar a serem PROATIVAS para salvar o casamento do divórcio": "Senti que o que fazia o dia todo era suprir a necessidade dos outros. Fosse cuidar dos filhos, fosse trabalhar no ministério, fosse lavar as roupas do meu marido; no final do dia eu estava farta de satisfazer necessidades. Queria meu travesseiro e uma revista. Mas Deus me desafiou: 'As *necessidades* do seu marido que você satisfaz são as que ele quer satisfeitas?'". É claro que NÃO! Nada menos que DEUS está dizendo que ela precisa largar o travesseiro e a revista de bem-estar e transar com o marido! Se manca e começa a transar! Deus quer ver você GGG!"

GGG: *Good, Giving* e *Game*. O colunista sexual Dan Savage cunhou esse acrônimo para designar uma pessoa boa de cama [*good in bed*], que sabe dar e receber prazer [*giving equal time and equal pleasure*] e disposta a tudo, dentro do razoável [*game for anything*]. "Se você é daquelas pessoas que vivem uma relação monogâmica e esperam que a outra parte seja tudo em termos sexuais, entre si vocês precisam ser putas", diz Savage. "Precisam estar dispostas a tudo."

Diretrizes sólidas às quais aspirei durante muito tempo. Hoje acho que temos direito à tara e ao cansaço – as duas coisas.

Numa geração muito propensa a reduzir a figura da mãe sodomítica à da MILF,[11] como é possível que a atividade sexual desmedida e "desviada" continue sendo considerada uma marca de radicalidade? Que sentido faz associar "queer" a "desvio sexual" se o mundo ostensivamente hétero não fica atrás em nada? Quem, no mundo hétero, exceto alguns conservadores

---

[11] MILF: "*Mothers I'd like to fuck*", ou "Mães que eu gostaria de comer" – é um termo usado para designar mulheres mais velhas, com idade para serem mães. (N.T.)

religiosos, experimenta de fato o prazer sexual como algo inseparável da função reprodutiva? Já parou para ver a lista infindável de fetiches que hoje aparece nos sites pornográficos "hétero"? Já parou para ler, como fiz hoje de manhã, alguma notícia sobre o julgamento do policial Gilberto Valle?[12] Se a condição queer consiste em perturbar as premissas e práticas sexuais normativas, uma delas não seria a de que o sexo é a coisa mais importante? E se Beatriz Preciado tiver razão, e se agora vivemos um capitalismo pós-fordista, que Preciado chama de "era farmacopornográfica", cujo principal recurso econômico não é nada mais do que "os corpos insaciáveis das multidões – seus paus, clitóris, ânus, hormônios e sinapses neurossexuais [...], nosso desejo, excitação, sexualidade, sedução e... prazer"?

Preciado   Confrontada com a velocidade estonteante desse "novo tipo de capitalismo quente, psicotrópico, punk", especialmente no meu estado de cansaço, trocar o tesão pela exaustão é cada vez mais sedutor. Impossibilitada de mudar minha situação, pelo menos por agora, tento aprender com ela; uma outra de mim, desnuda.

Conheci Sedgwick durante um seminário de pós-graduação chamado "Modelos não edípicos de psicologia". A modo de introdução, ela disse que tinha começado a fazer terapia porque queria ser mais feliz. Ouvir uma teórica tão influente admitir uma coisa dessas mudou minha vida. Depois, sem perder o embalo, ela disse que queria fazer uma rápida dinâmica de apresentação envolvendo animais-totem.

---

[12] Policial nova-iorquino preso em 2012 depois de ameaçar, sequestrar, matar e comer mais de cem mulheres, inclusive a própria esposa. Foi solto dois anos depois por falta de provas. (N.T.)

Animais-totem? Como era possível eu ter trocado a porra-louquice de Haight-Ashbury, em São Francisco, pela dureza e a intelectualidade de Nova York justamente para fugir de atividades que envolviam animais-totem e agora me encontrar no meio de uma durante uma aula de doutorado? A dinâmica cutucou friamente a ferida do meu pavor pela identidade: bastaria um pulo, pensei, para chegarmos à fichinha de arquivo presa no peito.

Talvez prevendo o pavor das pessoas, Sedgwick explicou que o jogo tinha uma espécie de escapatória: tínhamos a opção de escolher um animal falso – um tipo de engodo, por assim dizer, se tivéssemos um animal-totem "de verdade" que não quiséssemos revelar.

Eu não tinha animal de verdade nem de mentira, então comecei a transpirar de ansiedade à medida que cada pessoa falava. Quando chegou minha vez, deixei escapar "lontra" como se arrotasse. O que não era mentira. Era importante naquele momento que eu me sentisse astuta, que eu fosse astuta. Que me sentisse miúda, esperta, rápida, anfíbia, ágil, capaz. Eu ainda não conhecia *O neutro*, de Roland Barthes, mas, se o conhecesse, seria meu hino – o Neutro é aquilo que, diante do dogmatismo, da pressão ameaçadora para tomar partido, oferece novas reações: fugir, escapar, hesitar, mudar de termos ou recusá-los, desvincular-se, dar as costas. A lontra, então, era um substituto complexo, uma burla, mais uma identidade da qual eu certamente poderia me despir.

Mas independentemente do que eu seja ou tenha me tornado, hoje sei que a esquivez não é tudo que sou. Hoje sei que evasivas propositais têm suas limitações e maneiras de inibir certas formas de felicidade e prazer. O prazer do duradouro. O prazer da insistência, da persistência. O prazer da obrigação, o prazer da dependência. Os prazeres da simples devoção.

O prazer de reconhecer que talvez seja preciso passar pelas mesmas percepções, escrever as mesmas anotações nas margens, retornar aos mesmos temas na própria obra, reaprender as mesmas verdades emocionais, escrever o mesmo livro outra e mais outra vez – não porque a gente é estúpida, teimosa ou incapaz de mudar, mas porque revisitações assim constituem uma vida.

"Muita gente que se dedica a diferentes tipos de trabalho consegue ter prazer em aspectos de seu trabalho", Sedgwick escreveu, "mas algo diferente acontece quando o prazer é não só sentido, mas também demonstrado abertamente. Gosto de fazer acontecer esse 'algo diferente'."

Algo feliz que pode acontecer, segundo Sedgwick, é o prazer se tornar tanto acretivo quanto autotélico: quanto mais sentido e demonstrado, mais se prolifera, mais possível e frequente ele se torna.

Mas, como Sedgwick bem sabia, há exemplos mais sinistros, como deixa claro uma conhecida ocasião de sua vida. Em 1991, ano em que foi diagnosticada com câncer de mama, direitistas culturais promoveram a infâmia do ensaio "Jane Austen and the Masturbating Girl" antes de Sedgwick escrevê-lo. (Eles encontraram o título num programa da Associação de Línguas Modernas e não perderam tempo.) Sobre descobrir que estava doente justo quando o "holograma jornalístico" com o nome dela se tornou alvo de críticas mordazes, escreve ela: "Não conheço modo mais suave de dizer do que este: Numa época em que precisei respirar muito profundamente do oxigênio que nutre o desejo de viver e prosperar, percebi os efeitos acumulados devido à sua devastadora redução por parte da minha própria cultura. Ela então lista algumas das "milhares de coisas que tornam impossível se equivocar quanto à sentença sobre vidas queers e sobre a vida das mulheres, bem como das pessoas pobres e que não são brancas". Essa sentença pode se tornar um coro de vozes na nossa cabeça, pronto para inibir nossa capacidade de lutar contra a doença, o temor, a desvalorização. "[Essas vozes] falam conosco", diz Sedgwick. "São de uma clareza impressionante."

Na interpretação de Sedgwick, o que pareceu depravado aos olhos da crítica não foi apenas a associação de uma escritora canônica com o espectro obsceno do autoprazer. Mais incômodo foi o espetáculo de uma escritora ou pensadora – seja Sedgwick ou Austen – para quem a própria obra é capaz de gerar felicidade, e que a celebra publicamente como tal. E pior que isso, numa cultura empenhada em drenar o sangue das humanidades até que morram, junto com outras atividades feitas por amor e que não servem ao Deus do capital: o espetáculo de alguém que gosta do seu trabalho inútil e perverso e que ganha – até bem – por ele.

A maioria dos escritores que conheço nutre fantasias constantes sobre as coisas horríveis – ou *a* coisa horrível – que acontecerão caso se expressem como desejam. (Em todo lugar a que vou como escritora – principalmente se visto a pele da "memorialista" –, sinto que esses medos habitam principalmente a cabeça das pessoas. As pessoas parecem ter fome de permissão, acima de qualquer coisa, e querem ter uma garantia contra consequências ruins. A primeira eu tento dar; a segunda está além das minhas capacidades.) Quando publiquei meu livro *Jane: A Murder* – cujo tema é o assassinato, em 1969, da irmã mais nova da minha mãe –, eu também nutria medos terríveis, em especial o de ser assassinada tal qual Jane como punição por minhas transgressões literárias. Para desfazer esse nó e jogar seus fios ao vento, precisei da escrita não só daquele livro, mas também de uma sequência que não estava nos meus planos.

Hoje essa história já é velha, especialmente para mim. Estou falando dela novamente porque, nos meses que antecederam a concepção de Iggy, fui perturbada durante um tempo por uma espécie de *stalker* – um homem obcecado pelo assassinato de Jane e por mim, que escrevi sobre o assunto. Começou com uma mensagem no correio de voz do trabalho: um homem telefonou para dizer que minha tia "teve o que mereceu" e a xingou – de "cabeça de vento", especificamente. (Se ele a tivesse chamado de "puta" ou "vagabunda", eu até acharia graça, mas "cabeça de vento" e a entonação infantil de sua voz me deixaram um tanto alarmada.)

Pesquisei e escrevi o suficiente sobre o assunto para aprender a não me calar nesses momentos, então fui direto à delegacia, Harry ao meu lado. No momento em que abrimos a porta, sentimos um calafrio na alma. Os adolescentes brancos, gorduchos e medíocres que se passavam por policiais eram justamente o tipo de homem a quem preferiríamos *não* contar essa história. No entanto, relatei ao atendente a versão mais resumida que consegui, que passa do assassinato da minha tia em 1969 para a escrita dos meus dois livros e depois para a mensagem de voz que eu havia recebido pela manhã. Ele me ouviu sem muito interesse, depois puxou da estante uma pasta da grossura de um catálogo telefônico e começou a vasculhá-la como se tivesse todo o tempo do mundo. Depois de cinco minutos, ele levantou a cabeça. "Encontrei", disse ele. "*Amolação pelo telefone.*" Ele pegou um formulário e escreveu as três palavras em letras maiúsculas impecáveis. Enquanto preenchia, outro jovem policial chegou aos trotes. *O que traz vocês aqui?*, perguntou. Repeti a história. Ele pediu para ouvir a mensagem, depois levantou a cabeça com uma indignação teatral e disse: "Com que propósito a pessoa ligaria para dizer uma coisa dessas?".

Voltei para casa e guardei a queixa de "amolação pelo telefone" no fundo de uma gaveta e torci para que acabasse ali.

Alguns dias depois, quando abri o escaninho para pegar minha correspondência no trabalho, encontrei um bilhete de um dos meus alunos. Ele pedia desculpas pela invasão, mas queria me avisar que um homem estranho estava me procurando no campus. Disse que o homem abordou pessoas na lanchonete, na biblioteca, no portão, perguntando se me conheciam e falando obsessivamente sobre o assassinato da minha tia e que precisava me dar um recado importante. Minha coordenadora soube da situação e me levou às pressas para a sala dela, onde passei quatro horas com a porta trancada e a persiana fechada esperando a polícia chegar – experiência que tem se tornado cada vez mais rotineira no ambiente educacional dos Estados Unidos em vez de algo insólito. Depois que a segurança do campus conversou com o aluno que me deixou o bilhete e com um monte de pessoas abordadas pelo homem, me deram a seguinte descrição: "homem corpulento, calvo e de pele branca, por volta dos 50 anos, carregando uma pasta de executivo".

Menos de 48 horas depois da visita, como se encenando um corte cinematográfico sobre como lidar com um momento de estresse intenso e inesperado, comecei a fumar de novo – isso depois de dois anos tratando meu corpo como um templo pré-natal, tendo meus vícios reduzidos a uma única xícara de chá verde toda manhã. Agora me sento no quintal da nossa nova casa, um quadrado de terra com matos espinhentos do qual só poderíamos cuidar depois de sabermos quanto custaria minha aventura de gravidez, secando meus óvulos por inalar nicotina, spray de pimenta ao meu lado. Outros momentos da minha vida podem ter sido piores, mas esse tinha uma realidade própria: nunca me senti tão apavorada e niilista ao mesmo tempo. Eu chorava pelo bebê e pela vida que nunca seria nossa, não importava o quanto eu quisesse, e pela violência que, a presença do *stalker* aparentemente confirmava, era algo impossível de evitar.

Nos dias e nas semanas seguintes, juntei forças para dizer ao nosso doador que pularíamos aquele mês e para começar a luta de me içar de volta para o regime pré-natal. Tentei me concentrar novamente em coisas felizes, incluindo uma palestra feliz sobre Sedgwick que eu daria na minha *alma mater* feliz, a CUNY. Mas os mantras da paranoia – *Você pode ter uma surpresa ruim* e *A gente nunca é paranoica o bastante* – já tinham criado raízes. Eu não podia ficar esperando um maluco qualquer para me "dar um recado"; de algum modo, eu precisava superar a situação.

É difícil explicar, mas tenho muitos amigos investigadores. Um deles me deu o telefone de um detetive particular chamado Andy Lamprey, cujo perfil no site de um "provedor de soluções de segurança" diz: "Detetive do Departamento de Polícia de Los Angeles durante mais de 29 anos, Lamprey investigou diversos crimes, incluindo homicídios, e foi inspetor-chefe da SWAT. É especialista em repressão ao narcotráfico e realizou inúmeras avaliações de risco e vulnerabilidade, de ameaças e gestão, além de investigações de fraude em todo o país".

Nunca se sabe – pode ser que um dia você também sinta necessidade de recorrer a Andy Lamprey.

Lamprey me pôs em contato com um rapaz chamado Malcolm, outro ex-policial de Los Angeles, que passaria a noite dentro de um carro na frente da nossa casa, arma em punho, fazendo guarda – se quiséssemos. Queremos. Lamprey diz que pode fazer um desconto e cobrar quinhentos dólares por noite (as taxas para "dar cobertura", como eles chamam, são incrivelmente caras em Los Angeles. Telefono para minha mãe pedindo conselho, e também para alertá-la de que havia um maluco à solta, caso ele fosse atrás dela; ela insiste em mandar um cheque para pagar uma ou duas noites de Malcolm. Fico agradecida, mas também culposa: eu que havia insistido em escrever sobre o assassinato de Jane, e, embora racionalmente eu não me visse como responsável pelas ações desse homem, assim como Jane não havia sido pelas ações de seu assassino (como sugerira o homem ao telefone), a parte menos esclarecida do meu ser se sentiu mal, como se eu merecesse a punição. Eu havia evocado uma situação ruim e agora eis o homem, pasta de executivo na mão. Poucos dias antes eu tinha relacionado a imagem que criei dele com a de Jared Lee Loughner, o homem que, exatamente duas semanas antes, havia cercado a deputada Gabby Giffords no estacionamento de um supermercado em Tucson, Arizona, e atirado nela e em mais dezoito pessoas. Na casa de Loughner encontraram uma mala direta de Giffords com as palavras "Morra, vadia" rabiscadas por cima; Loughner era famoso por dizer que mulheres não deveriam ocupar cargos de poder.

Não me interessa se os dois homens são loucos. A voz deles continua clara.

Com a aprovação da Lei Patriota durante o segundo mandato de George W. Bush, você criou uma série de armas pequenas e portáteis. A regra era que cada arma fosse montada em minutos usando objetos domésticos. Você já havia sofrido violência homofóbica antes, dois olhos roxos enquanto esperava um burrito numa fila (você correu atrás do cara, é claro). Agora, você pensava, se o governo começar a perseguir os cidadãos, precisamos estar preparados, mesmo que nossas armas sejam patéticas. Suas armas artísticas incluíam uma faca de serra presa num vidro de molho de salada encaixado na ponta de um cabo de machado, uma meia suja cheia de pregos para fora, um toco de madeira com uma bola de resina de uretano na ponta e uns parafusos para fora, entre outras coisas.

Uma noite, quando namorávamos, cheguei em casa e encontrei o toco com parafusos em cima do capacho de boas-vindas na porta de entrada. Você tinha viajado e eu estava frustrada com sua partida. Mas quando subi os degraus da varanda e vi a arma, à sombra do poente, soube que você me amava. Era um talismã de proteção – uma maneira de me manter segura durante sua ausência, uma ferramenta para espantar pretendentes (como se houvesse algum). Desde esse dia, mantive-a ao lado da minha cama. Não porque eu achava que alguém viria atrás de nós, mas porque ela torna tenro o que é brutal, o que aprendi ser um dos seus principais dons.

No ano em que meu pai morreu, li na escola a história de um menino que construía navios no fundo de garrafas. Uma máxima guiava sua vida: se imaginarmos sempre o pior, nunca vamos nos surpreender quando aquilo acontecer. Sem saber que a máxima era a própria definição de angústia, como dada por Freud ("'Angústia' designa o estado específico de esperar o perigo ou de se preparar para ele, ainda que seja desconhecido"), passei a cultivá-la. Escrevendo diários desde essa época, comecei a redigir narrativas de eventos horríveis no meu caderno de escola. Meu primeiro episódio foi um conto chamado "Raptada", em que eu e minha melhor amiga, Jeanne, éramos sequestradas e torturadas por um grupo de casais dementes. Tive orgulho da minha obra talismânica e até criei uma capa decorada para ela. Agora eu e Jeanne nunca seríamos sequestradas e torturadas sem antes termos previsto! Fiquei ao mesmo tempo triste e confusa quando minha mãe me levou para almoçar porque queria "falar do assunto". Ela disse que estava preocupada com o que eu tinha escrito, bem como minha professora do sexto ano. Num segundo ficou claro que minha história não era motivo de orgulho, nem como literatura nem como prevenção.

Quando Iggy saiu do hospital e veio para casa, naquela semana frenética e confusa que passei quase sem dormir, minha felicidade extrema às vezes era perturbada no meio da noite pela imagem da cabecinha perfeita dele atravessada pela lâmina de uma tesoura, com a ponta para fora. Talvez eu a tenha enfiado lá, talvez ele tenha escorregado e caído em cima dela. Por algum motivo, essa imagem parecia a coisa mais horrorosa que eu já havia imaginado. Ela me surgia quando eu estava tentando dormir depois de muitas horas – às vezes, muitas noites – de insônia. A gente se levantava tantas vezes que acabou colocando uma lâmpada vermelha na luminária da sala e a deixava acesa o tempo todo – assim a luz do sol era intercalada pela luz vermelha, e não tínhamos noites de fato. Uma vez, enquanto divagava e mexia a colher num prato de sopa, eu disse a Harry que estava preocupada com depressão pós-parto, porque estava tendo pensamentos ruins sobre o bebê. Não consegui contar sobre a tesoura.

Não consigo me lembrar agora da conexão entre os navios que o garoto construía em garrafas (*Argo?*) e sua ansiedade persecutória, mas tenho certeza de que havia uma. Também não consigo encontrar a história original. Eu adoraria encontrá-la, pois tenho certeza de que sua moral não era a de que todas as coisas boas acontecem por imaginarmos repetidas vezes as piores coisas. Provavelmente um avô sábio e velhinho aparece na história e afasta do neto a ilusão enraizada levando-o para ver algumas aves silvestres voando no topo de uma montanha. Agora já acho que estou misturando as coisas.

O tal avô velhinho e descontraído ainda não entrou na minha vida. No lugar dele, tenho minha mãe, que vive e respira a verdade absoluta da ansiedade preventiva. Quando lhe digo que seria mais fácil para mim se ela guardasse para si a ansiedade que sente em relação ao meu filho recém-nascido, em vez de me mandar um e-mail dizendo que não consegue dormir com medo das coisas ruins que podem acontecer com ele (e com todos que ela ama), ela vocifera: "Minha ansiedade não é irracional, você sabe".

Minha mãe acha que as pessoas realmente não sabem ao que estão expostas na vida – quais são os *riscos* da vida. Como haveria de existir um perigo irracional se um acontecimento terrível ou inesperado pode acontecer de novo? Em fevereiro passado, perto de Tampa, Flórida, um homem dormia quando abriu um sumidouro embaixo de sua cama. O corpo dele não foi encontrado. Quando Iggy estava com seis meses, ele foi intoxicado por uma neurotoxina potencialmente fatal que atinge cerca de 150 bebês dos mais de quatro milhões nascidos nos Estados Unidos todo ano.

Recentemente, minha mãe visitou os Campos de Extermínio no Camboja. Depois que chegou de viagem, ela se sentou na nossa sala para me mostrar as fotos enquanto Iggy brincava de bruços no tapete branco felpudo. *Eu não queria falar sobre isso por causa do bebê*, disse ela, apontando com a cabeça na direção dele, *mas tinha uma árvore lá, um carvalho, chamado Árvore do Extermínio, onde o Khmer Vermelho matava os bebês com uma pancada na cabeça. Milhares e milhares de bebês com o crânio esmagado contra a árvore.* Já entendi, eu disse. Me desculpa, disse ela, *eu não deveria ter falado nada.*

Algumas semanas depois, enquanto falávamos de novo sobre a viagem, dessa vez pelo telefone, ela me diz: *Então, eu não deveria te contar, por causa do bebê, mas tem uma árvore lá, nos Campos de Extermínio, chamada Árvore do Extermínio...*

Conheço minha mãe bem o suficiente para reconhecer, na repetição tourettiana da história da árvore assassina, seu desejo de introduzir em mim um parâmetro externo de horror sobre o que poderia acontecer com um bebê nesse planeta. Não sei por que ela precisa garantir que eu tenha tal parâmetro em mente, mas acabei aceitando que é uma necessidade dela. Minha mãe precisa que eu saiba que ela esteve diante da Árvore do Extermínio.

Durante a semana seguinte à visita daquele homem ao campus, o departamento de segurança colocou um vigia na porta da sala enquanto eu dava aulas – caso o homem retornasse. Num desses dias, eu estava falando sobre o poema épico e mal-humorado de Alice Notley, *Disobedience*. Um aluno reclama: *Notley diz que quer uma rotina livre e bela, mas está presa a todas as coisas que mais odeia e teme, depois esmaga nossa cara e a dela nessas coisas ao longo de quatrocentas páginas. Para quê?*

Empiricamente falando, somos feitos de poeira estelar. Por que não falamos mais sobre isso? A matéria nunca deixa esse mundo. Ela continua sendo reciclada, recombinada. Você não parou de me dizer isso quando nos conhecemos – que em sentido real e material, *o que* é feito de *onde*. Eu não tinha a menor ideia do que você estava falando, mas senti o fogo de sua empolgação. Continuo sem conhecer o terreno, mas pelo menos agora sei onde pisar.

Notley sabe disso tudo; é o que lhe arranca lágrimas. É o que faz dela mística, o que a faz se trancar num armário fechado, o que a faz se dopar para ter visões. O que ela pode fazer se o inconsciente é um esgoto? Pelo menos meu aluno nos lembrou de um paradoxo fundamental que ajuda a explicar a obra de muitos artistas: *às vezes são as pessoas que mais tendem* Sedgwick *à paranoia que precisam e são capazes de desenvolver e disseminar as práticas reparadoras mais elaboradas.*

Na performance *100 Blow Jobs*, de Annie Sprinkle – que trabalhou muitos anos como prostituta –, ela se ajoelha no chão e paga boquete para vários dildos presos a um painel na sua frente, enquanto vozes masculinas gravadas gritam palavras depreciativas como "Chupa, sua puta". (Sprinkle disse que, dos aproximadamente 3.500 clientes que ela teve, cerca de cem lhe fizeram mal. A trilha sonora da performance é inspirada neles.) Ela chupa um, chupa outro, sufoca, engasga. Mas justo quando alguém poderia pensar: É exatamente assim que eu imaginava a prostituição – perturbadora, misógina, traumatizante, Sprinkle se levanta, se recompõe, dá a si mesma um Prêmio Afrodite pelo serviço sexual prestado ao público e performa uma masturbação como ritual de limpeza.

Sprinkle é uma mãe-de-muitos-gêneros do coração. E essas mães-de-muitos-gêneros-dizem: *Só por você ter inimigos não significa que tenha de ser paranoica.* Elas insistem, não importa quantas provas existam contra elas: *Não existe nada que você atire em mim que eu não possa metabolizar, nada é impermeável à minha alquimia.*

A conclusão de que eu poderia incorporar o *stalker* na minha palestra sobre Sedgwick acabou se tornando um estímulo para voltar ao trabalho. *Isso, voltar ao trabalho.* Também se tornou uma fonte de conforto, como se colocar um episódio como esse na órbita de Eve neutralizasse sua força negativa.

Nem todo mundo acredita nos poderes mágicos desse tipo de abordagem. Quando contei para minha mãe que estava pensando em incluir o *stalker* numa palestra, por exemplo, ela disse: "Ah, minha filha, tem certeza de que é uma boa ideia?" – o que quer dizer que, para ela, era uma péssima ideia. Quem poderia culpá-la? Minha mãe passou quarenta anos evitando o espectro de malucos com pasta de executivo que matavam mulheres, não sem antes dizer que elas mereciam uma morte violenta. Para que dar a eles mais atenção do que merecem?

A maior parte da minha escrita me soa como má ideia, o que me dificulta entender quais ideias me parecem más por terem mérito e quais me parecem más por não terem mérito. Muitas vezes me vejo atraída pela má ideia como a única sobrevivente num filme de terror – no meu caso, sentada num barracão, numa mesa melada de leite. Mas, em algum momento da vida, obtive dos meus heróis – cujas almas foram forjadas em chamas infinitamente mais quentes do que as que forjaram a minha – uma fé descomunal na articulação da escrita como sua própria forma de proteção.

Não vou escrever nada sobre o período que Iggy passou intoxicado; não me é estimado ou valioso. Vou dizer apenas que ainda existe um laço temporal, ou uma parte de mim, que continua baixando a lateral do berço de manhã cedo para ficar ao lado de Iggy, e ali reluta em se mover, desistir ou continuar vivendo até que ele levante a cabeça, até que dê algum sinal de que vai superar.

O chato dos *stalkers*, me disse Lamprey quando nos falamos pela primeira vez, é que o melhor que pode acontecer é nada. *Você não quer nenhuma forma de contato que lhe faça procurar a justiça ou ligar para a emergência*, disse ele. *A gente só quer que os dias de silêncio se repitam.*

Na terceira noite de vigília de Malcolm, comecei a ter delírios de que ele poderia passar a vida toda sentado lá fora para me proteger sabe-se lá do quê. Mas o dinheiro tinha acabado, bem como a lógica do negócio. Estávamos sozinhas.

O papel do colo do útero é permanecer fechado, criar uma barreira impenetrável de proteção ao feto, durante aproximadamente quarenta semanas de gravidez. Depois disso, com o trabalho de parto, de algum modo a barreira precisa se abrir. Isso acontece pela dilatação, que não é devastadora, mas é extremamente fragilizadora. (*Oh, tão frágil!*)

Essa sensação tem seus méritos ontológicos, mas não é boa, na verdade. É muito fácil estar de fora e dizer: "Você só precisa relaxar e deixar o bebê sair". Mas, para deixar o bebê sair, você precisa estar disposta a ser feita em pedaços.

Trinta e nove semanas. Faço uma longa caminhada pelo campus do Occidental College. O calor é escaldante, como costuma ser em Los Angeles, onde o sol não tem piedade. Volto frustrada para casa, tensa com o bebê, ansiosa por sua chegada. Harry chamou uns amigos; estão se preparando para gravar uma cena, usando um figurino branco desbotado e chapéus com chifres de cerâmica, brancos e finos, que Harry tem coragem de dizer que os deixa parecidos com piolhos. *Não quero falar com os piolhos*, digo, baixando a persiana. Me sinto feroz, um pouco triste, pesada. Dor nas costas.

Um dia antes, caminhando no Arroyo, verde e refrescante, chamei o bebê para sair. *Hora de berrar, Iggy.* Eu sabia que ele tinha me ouvido.

Começo a sentir algumas dores. Os piolhos vão embora. Sem nenhum motivo, resolvemos arrumar as estantes de livros. Há semanas queríamos fazer isso, e de repente Harry fica ansioso para terminar logo, para fazer tudo direito. Sento-me no chão para descansar no meio dos livros, separando-os em pilhas por gênero, depois por país. Mais dores. Tantas páginas bonitas.

Henry telefona para Jessica, *Venha agora*, diz. Tentei dormir, mas a caverna da noite se revelava. Novas luzes baixas na casa, novos sons. Pássaros gorjeiam no meio da noite enquanto estou em trabalho de parto dentro da banheira. Jessica pergunta se os pássaros são reais. São. Ela tampa o orifício de fluxo de água com fita e uma sacola plástica para a banheira ficar mais cheia. Tem truques. Desolada, me pergunto por que ela não para de teclar no celular durante meu parto; depois descubro que ela tem um aplicativo no iPhone para medir o tempo das contrações. A noite passa rápido, no tempo que não é tempo nenhum.

De manhã, Harry e Jessica me convencem a caminhar por uma hora, a passos rápidos, naquele dia cinza. Difícil. *As contrações não vão parar porque você parou de se movimentar,* Jessica continua dizendo. OK, mas como ela sabe? Caminhamos até uma Rite Aid, na York com Figueroa, para comprar óleo de rícino; chegando lá, descobrimos que ninguém estava com a carteira. Semicerro os olhos por causa da claridade cinza. Estou fora de foco, fora do ar. Voltamos para pegar as carteiras, voltamos para a loja. Passamos pelo estacionamento, escabroso de tanto lixo. Quero estar num lugar mais bonito, eu penso; está tudo certo, penso também.

Em casa, tomo sorvete de chocolate com o óleo de rícino. O que está dentro eu quero que saia.

Morávamos juntas havia pouco mais de um ano quando sua mãe recebeu o diagnóstico. Ela tinha ido ao médico por causa de uma dor nas costas e descobriu que tinha um câncer de mama enraizado até a coluna, um tumor que ameaçava lhe quebrar as vértebras. Dali a meses, o câncer chegaria ao fígado; em um ano, ao cérebro. Fomos buscá-la em Michigan quando a radiação a deixou de cama, sem ninguém para ajudá-la, e a trouxemos de avião. Cedemos a ela nossa cama e começamos a dormir no chão da sala. Vivemos assim durante meses, olhando nossa montanha lá fora, com pavor e torpor. Nossa angústia era severa, mas de natureza distinta: você queria dar a ela o tratamento que ela uma vez lhe dera, mas sabia que a situação estava arruinando nossa vida doméstica; ela estava doente, fraca, apavorada, sem nenhuma vontade ou capacidade de conversar sobre a própria condição ou as opções que tinha. Por fim eu, abominável, pus um limite: eu não conseguia viver daquele jeito. Ela resolveu voltar para o condomínio dela, nos arredores de Detroit, e sucumbir sozinha em vez de aceitar os cuidados precários de um centro médico perto de nós – o que a levaria à perda de tudo que tinha, o som alto da TV atravessando a cortina de lona do paciente ao lado, enfermeiras sussurrando sobre a aceitação de Cristo como salvador, você conhece o lugar. Quem haveria de culpá-la? Ela queria ficar em casa, rodeada pelas próprias quinquilharias parisienses – aquele monte de plaquinhas com I LOVE PARIS escrito e miniaturas da Torre Eiffel. Todas as senhas e endereços de e-mail que ela usava eram variações de "Paris", cidade que nunca conheceria.

Quando o tempo dela foi chegando ao fim, seu irmão a levou para casa. A situação financeira da família dele não estava muito boa, mas lá pelo menos ela tinha uma cama, um quarto só dela. Quase bom o suficiente.

Na verdade, nada era bom o suficiente, mesmo que fosse melhor do que aquilo que muita gente podia ter. Quando ela começou a perder a consciência, seu irmão a mandou para um asilo; você correu para o aeroporto no meio da noite, desesperado para chegar a tempo de ela não morrer sozinha.

Cansei do bom humor desses dois que não sentem dor. Digo que quero ir para o hospital porque é lá que eles trazem os bebês para o mundo. Jessica tenta me distrair; ela sabe que não está na hora. Começo a me desesperar. Quero mudar de ambiente. Não sei se consigo fazer isso. Já passamos horas no sofá vermelho com uma almofada térmica, na banheira ajoelhada nas toalhas, na cama segurando a mão de Harry ou de Jessica. Preciso convencê-los de que está na hora de ir para o hospital. "Estou sentindo que o bebê está baixo, ele vai nascer no hospital, é lá que eu quero ficar", resmungo. Finalmente eles concordam.

No carro, a dor se transforma numa descida de tobogã. Não posso abrir os olhos. Preciso olhar para dentro. Lá fora tem trânsito demais; olho de lado e vejo Harry fazendo tudo que pode. Cada solavanco e cada curva é um pesadelo. A caverna de dor tem uma lei, sua lei é o arrepio nas entranhas. Começo a contar e percebo que cada dor dura vinte segundos. Penso ser possível suportar qualquer tipo de dor por vinte segundos, dezenove, treze, seis. Paro de balbuciar sons. É horrível.

Difícil estacionar, ninguém por perto, mesmo que todas as outras vezes que passamos pela ala da maternidade houvesse um bando de enfermeiros com cadeiras de roda. Vou ter de andar. Ando o mais devagar e humanamente possível, até dobrar o corredor. Jessica cumprimenta uma pessoa conhecida. Tudo à minha volta é normal; por dentro, habito uma caverna de dor.

Entramos na ala da maternidade. A enfermeira é gentil. Sardenta, robusta, cara de irlandesa. Ela diz cinco centímetros. As pessoas estão felizes, eu estou feliz. Jessica me diz que o pior já passou, que chegar aos cinco centímetros é o mais difícil. Estou nervosa, mas aliviada. Jessica pede o quarto 7. Felizmente o hospital está parado, quieto, vazio.

O quarto 7 é agradável, escuro. Da janela, vemos uma Macy's. Whitney Houston acaba de ser encontrada sem vida num hotel a dez quarteirões dali, o Beverly Hilton. As enfermeiras comentam o assunto abafando à voz, passando de um lado para o outro. Foi overdose, consigo perguntar de dentro da caverna. Provavelmente, dizem. No quarto há uma banheira, uma balança e um aquecedor infantil. Talvez haverá um bebê.

A dor do tobogã continua, a contagem, a dedicação, a quietude, o pânico. Sinto fobia do banheiro. Jessica me espera fazer xixi, mas sentar ou agachar é impensável. Ela continua dizendo que as contrações não param se eu ficar imóvel, mas eu acho o contrário. Deito de lado, aperto a mão de Harry ou de Jessica. Agarrada a Harry, como se pronta para dançar uma balada, faço xixi sem querer, depois na banheira, onde filetes de um muco vermelho escuro começaram a boiar. Inacreditavelmente, Harry e Jessica pedem comida e comem. Alguém me dá um picolé de morango delicioso. Vomito alguns instantes depois, emporcalhando a água da banheira. Vomito no pico das contrações, repetidas vezes, toneladas de bile amarela.

O tempo todo a gente dispara sem querer os jatos da banheira – a sensação é horrível. Jessica despeja água no meu corpo – a sensação é agradável.

Medem de novo: sete. Muito bom.

Horas depois, medem de novo. Ainda sete. Não tão bom assim.

Conversamos. Dizem que as contrações estão desacelerando, perdendo a força. Isso pode continuar por horas. Me dão cinco horas ou mais para chegar a dez centímetros. Não quero. Estou há 24 horas em trabalho de parto, talvez mais. Falamos em ocitocina. A enfermeira diz que o incômodo será maior do que o atual. Estou com medo. Até onde vai a profundidade da dor?

Mas eu quero que algo mude. Quero usar o medicamento. O cateter não para de dobrar, o alarme vermelho não para de disparar, estou frustrada, a enfermeira não para de refazer o procedimento. Passam-se vinte minutos. Depois mais vinte. Aumentam a dose uma vez, depois outra. A dor é uma nova caverna, surreal. Fico bem quieta e concentrada. Contando, contando. Jessica me manda respirar lá no fundo e entendo que é lá onde o bebê está.

os voluntários disseram que minha tarefa era deixar que minha mãe Harry
decidisse a hora certa de ir. acho que não consegui me convencer durante
as primeiras 33 horas que passei com ela.

no entanto, na última noite, coloquei-lhe um travesseiro embaixo dos joelhos e disse que ia dar uma volta. que ia sentir o cheiro das madressilvas, ver vagalumes, molhar o sapato no sereno da meia-noite. eu disse que faria isso porque continuaria na terra daquele jeito. "mas você já terminou o que precisava fazer aqui, mãe." eu disse que ela tinha criado a gente muito bem com seu amor e suas lições. disse que ela tinha me inspirado a me tornar artista. disse que a amava muito, que sabíamos o quanto ela nos amava, que ela estava rodeada de amor, rodeada de luz. e me levantei. depois, entre outras coisas, eu disse que ia dormir e que ela devia fazer a mesma coisa. falei com firmeza. disse para ela não ter medo, para relaxar, que estava tudo bem se ela quisesse ir. eu disse que sabia que ela estava cansada, e que todos os relatos do céu (de quem fizera uma visita bem breve) traduzem-no como júbilo puro. disse para ela não ter medo. agradeci. eu disse: "obrigado, mãe". chorei, tentando esconder as lágrimas. acendi a lâmpada do banheiro e fechei a porta de modo que um longo retângulo de luz amarelada a iluminava da cabeça aos pés. toquei-lhe os pés embaixo do cobertor, depois as pernas, o torso e o colo abaixo do pescoço, ombros, rosto e orelhas. beijei-lhe toda a cabeça, linda e careca, e disse: "boa noite, mãe. durma". depois me deitei na poltrona que me servia de cama, cobri o torso com a jaqueta e chorei em silêncio até dormir. o som da respiração dela: profundo, seco, certo.

Está muito escuro agora. Harry e Jessica dormiram. Estou sozinha com o bebê. Tento me empenhar na ideia de deixá-lo sair. Ainda não consigo imaginar. E a dor se aprofunda cada vez mais.

No fundo, que não dá muito bem para saber que é o fundo, a gente pondera. Já ouvi muitas mulheres descreverem essa ponderação (também chamada "nove centímetros"), quando a gente começa a barganhar com todas as forças, como se fechasse um negócio capaz de salvar nossa vida conjunta. *Não sei como a gente vai resolver isso, bebê, mas dizem que você vai ter de sair, que eu vou ter de deixar; a gente tem de fazer isso junto, e tem de ser agora.*

Alguém me diz que o bebê está numa posição estranha, que tenho de me deitar sobre o lado esquerdo, com a perna levantada. Não quero. Então me falam que vinte minutos bastam. Vejo um conjunto de mãos segurando minha perna. Dói. Depois de vinte minutos, ele virou.

Medem de novo. Colo totalmente afinado, totalmente dilatado. A enfermeira está radiante. Diz que está na hora. Quero saber o que vai acontecer em seguida. Só espere, respondem.

em determinado momento, acordei. prestei atenção na respiração dela, Harry
que comecei a ouvir depois de um instante. muito mais rasa, rápida.
fiquei alerta, e no mesmo instante o ar-condicionado voltou a ventilar, o que para mim era sempre um estado intermediário estranho. a
respiração ainda estaria acontecendo quando o ar parasse de novo? me
esforcei para ouvir a respiração dela acima do rangido do aparelho, mas
não consegui. levantei o torso de sobressalto e me sentei para ver se
o peito dela se movia. pareceu que não. o ar-condicionado rugia. sua
mão esquerda subitamente buliu o lençol, um movimento levíssimo,
espectral. seu primeiro movimento – um sinal. dei um salto até ela,
visando aquela mão. agora ela tinha os olhos abertos, iluminados,
voltados para cima; boca fechada, rosto descontraído, cotovelos dobrados. ela estava linda. e morrendo. os lábios moviam-se em câmera
lenta aspirando pequenas porções de ar, ou talvez fosse só um eco
disso. os olhos estavam luminosos e abertos. ela projetava o queixo
na mais doce e respeitável das saliências. estava na entrada de todos
os mundos, e eu também. me segurei para não incomodar, ela parecia ao mesmo tempo saber para onde ia e como chegar lá. o mapa.
o dever. o objetivo ao alcance. segurei-lhe a mão cálida e a deixei ir
embora. disse-lhe mais uma vez: você está cercada de amor, cercada
de luz, não tenha medo. o pescoço dela pulsou um pouco? os olhos
miravam algo em outro lugar. a boca precisava cada vez menos de
ar, e o queixo se movia mais devagar. eu nunca quis que acabasse.
nunca quis que o infinito se abrisse num instante como quis naquele
momento. então naquele momento os olhos dela relaxaram, os ombros
relaxaram por igual. e eu soube que ela tinha encontrado o caminho.
tinha ousado. reunido força e coragem, se lançado adiante. fiquei
admirado e orgulhoso dela. olhei no relógio, 2h16.

Eles dizem que minha bexiga está muito cheia, impedindo o caminho. Impossível levantar de novo para fazer xixi naquela posição de música lenta. Colocam um cateter. Arde. O médico entra, diz que precisa estourar minha bolsa, que está muito cheia. Ok, mas como? Ele brande uma vareta parecida com um coçador de bambu. Ok, bolsa estourada. A sensação é fenomenal. Estou deitada num oceano cálido.

De repente, a vontade de empurrar. Todos se empolgam. Empurre, dizem. Me ensinam. Respire fundo, segure o ar, pressione para baixo com força, pressione até o fim. A enfermeira coloca a mão para ver se preciso de ajuda. Ela diz que sou boa de empurrar, que não preciso de ajuda. Estou feliz por ser boa de empurrar. Vou tentar.

Mais ou menos na quarta contração, ele começa a sair. Não sei ao certo se é ele, mas sinto a mudança. Empurro com força. Até que uma pressão se transforma noutro tipo de pressão – eu a sinto por fora.

Comoção. Estou exausta, mas feliz, alguma coisa está acontecendo. O médico entra correndo, consigo vê-lo se paramentando: viseira, avental. Parece agitado, mas ninguém dá atenção. Outras luzes entram em cena, amarelas, diretas. As pessoas à minha volta se movimentam rapidamente. Meu filho está nascendo.

Todos fixam o olhar entre minhas pernas numa espécie de pânico feliz. Alguém pergunta se quero sentir a cabeça do bebê, não quero, não sei por quê. Um minuto depois, eu quero. Aí vem ele. Parece grande, mas grande o suficiente.

De repente me dizem para parar de empurrar. Não sei por quê. Harry diz que o médico está dilatando meu períneo em círculos em volta da cabeça do bebê, para evitar que a pele se rompa. Não empurre mais, eles dizem, agora assopre. Assopro, assopro, assopro.

Depois dizem que posso empurrar. Empurro. Sinto ele todo saindo, de uma vez. Também sinto saírem as fezes que me atormentaram durante a gravidez e o parto. Tenho a sensação de que poderia correr mil quilômetros, me sinto disposta, aliviada, como se não houvesse mais nada de errado.

E então, de súbito, Iggy. Ele vem surgindo em cima de mim. Perfeito, sadio. Que incrível, ele tem a minha boca. Meu nobre aliado. Está em cima de mim, gritando.

Alguns instantes depois, eles me mandam empurrar de novo. *Só pode ser brincadeira – ainda não acabou?* Já entendi; placenta não tem ossos. Sempre imaginei a placenta parecida com um bife alto e malpassado. Ao contrário, é uma coisa grosseira e colossal – um saco amarelado cheio de sangue e de vísceras roxas escuras, uma bolsa de coração de baleia. Harry estica a membrana e fotografa lá dentro, admirado pelo mais misterioso e sangrento dos aposentos.

Quando seu primeiro filho nasceu, Harry chorou. Agora ele segura Iggy bem junto ao corpo, sorrindo suavemente para o rostinho do menino. Olho o relógio: 3h45 da manhã.

passei mais cinco horas junto ao corpo dela, sozinho, com a luz acesa. Harry
ela estava tão bonita, parecia ter dezenove anos. devo ter tirado uma centena de fotos do rosto dela. fiquei sentado muito tempo, segurando-lhe a mão. preparei algo para comer no outro quarto e voltei. continuei conversando com ela. a sensação é de que eu tinha convivido cem anos, uma vida inteira, com seu corpo pacífico e silente. desliguei

o ar-condicionado. a ventoinha no teto circulava o ar em cima dela, delimitando o espaço onde antes estava sua respiração. eu poderia passar mais cem anos bem ali – beijando-a, conversando com ela. ficaria tudo bem comigo. seria importante.

A gente não faz *o trabalho de parto*, me aconselharam várias vezes antes de o bebê nascer. *O parto é que faz o trabalho para a gente.*

Parecia bom – eu gosto de experiências físicas que envolvem rendição. No entanto, não sabia muita coisa sobre experiências que *exigem* rendição – que nos atropelam como caminhão, sem nada que as faça parar. Eu estava pronta para gritar, mas o parto se revelou a experiência mais tranquila da minha vida.

Se tudo der certo, o bebê vai superar essa, e você também. A diferença é que você terá tocado a morte no decorrer do caminho. Terá entendido que a morte vai levar você também, sem desculpa e sem misericórdia. Mesmo que você não acredite, e de um jeito só dela. Jamais existiu ser humano que ela não tenha levado. *Acho que só estou esperando para morrer*, disse sua mãe, confusa e incrédula, quando a vimos pela última vez, de pele tão fina, na cama que não era dela.

As pessoas dizem que as mulheres se esquecem da dor do parto graças a uma amnésia dada por Deus, o que mantém a reprodução da espécie. Mas não é bem assim – afinal, qual o propósito de a dor ser "memorável"? Ou estamos com dor ou não estamos. Além disso, não é da dor que a gente se esquece, mas sim do toque da morte.

Assim como o bebê poderia dizer para a mãe, nós poderíamos dizer para a morte: *Esqueço-me de você, mas você se lembra de mim.*

Fico pensando se a reconhecerei quando a vir de novo.

Queríamos um nome mais longo para Iggy, mas Ignatius parecia católico demais, e outros nomes iniciados por "Ign" pareciam cognatos de conceitos desagradáveis (*ignorante, ignóbil*). Até que um dia me deparei com o nome ameríndio Igasho, que significa "aquele que vagueia", tribo desconhecida. É isso, pensei imediatamente. Para minha surpresa, você concordou. E assim Iggy se tornou Igasho.

A cena de um casal de norte-americanos brancos escolhendo um nome ameríndio me deixou nervosa. Mas lembrei que você era parte Cherokee – foi o que me disse quando nos conhecemos. Lembrar disso me deu coragem. Quando toquei no assunto enquanto preenchíamos a certidão de nascimento de Iggy no hospital, você me olhou como se eu fosse maluca. *Parte Cherokee?*

Algumas horas depois, uma consultora em lactação veio nos visitar. Ela conversou conosco durante um bom tempo, falou sobre a própria família. Ela era da tribo dos Pima, do Arizona, e tendo se aparentado com uma família afro-americana, criara os seis filhos em Watts. Ela amamentou todos eles. Um se chamava Eagle Feather [Pena de Águia], ou só Eagle. A mãe dela insistiu em realizar uma cerimônia para o menino aprender a dizer seu nome na língua da tribo, porque Eagle era a língua do homem branco. *Não sei por que estou falando tanto da minha família*, dizia ela. Provavelmente você não deixou transparecer nada, mas me agrada pensar que ela intuiu algo duplo ou dúbio na nossa família em relação à identidade, como talvez houvesse na dela. Em determinado momento, falamos da nossa vontade de dar a Igasho o nome de Igasho. Ela ouviu, depois me deu dicas sobre como amamentá-lo. *Oriente-se pelos seios, não pelo relógio*, disse. *Quando você sentir que eles encheram de leite, pegue o menino e dê de mamar.* Quando estava saindo, ela se virou e disse: *Se algum dia alguém incomodar vocês por causa do nome do bebê, podem dizer que uma indígena legítima, de Tucson e Watts, lhes deu a bênção.*

Depois eu soube que Pima foi o nome que os espanhóis deram à tribo dos Othama. É uma corruptela, ou má interpretação, da frase *pi 'añi mac* ou *pi mac*, que significa "eu não sei" – palavras que os indígenas teriam repetido para os invasores espanhóis.

Poucos meses depois de sua mãe morrer, recebemos os documentos dela pelo correio. Uma tarde, me sentei num caixote lá nos fundos, bem na entrada do depósito, para olhar os papéis e decidir onde os guardaríamos. Entre pilhas de receitas médicas e cartas de cobrança ameaçadoras, alguns papéis me chamaram a atenção – tinham o cabeçalho florido, carinhas sorridentes e pontos de exclamação, e foram assinados com caligrafia muito cuidadosa. Os documentos da sua adoção.

Você nasceu como Wendy Malone. Talvez você tenha sido Wendy Malone por minutos, ou horas. Não sabemos. Os papéis da sua adoção foram providenciados antes de você nascer, e com três semanas de idade você foi entregue aos seus pais e passou a se chamar Rebecca Priscilla Bard. E Rebecca você foi durante vinte e poucos anos. Becky. Na faculdade, você tentou usar o nome de Butch, embora, ironicamente, você não soubesse o que realmente significava – era apenas um apelido usado pelo seu pai. Quando soube o que significava, dava para saber quem era gay ao se apresentar. "Sou Butch", você diria, balançando o longo cabelo loiro. "Não é não", respondia quem era "do meio", com uma risada. Em seguida, depois de sair da faculdade e se mudar para São Francisco, num renascimento estilo Judy Chicago, você adotou o nome de

Harriet Dodge. E, depois de ter um filho, você procurou o Estado para oficializar a mudança: publicou a nota no jornal, entrou com os papéis na justiça.[13] (Até então, você mantinha distância de tudo que "envolvesse o Estado": até os 36 anos, você nunca dava o número certo da sua identidade; nunca abriu conta em banco.) Com o tempo, tornou-se Harriet "Harry" Dodge: uma tentativa de evocar a sensação do *e*, ou do *mas*. Hoje, é apenas Harry, sendo Harriet um apêndice desagradável, mas às vezes indicativo.

Quando o *New York Times* publicou uma matéria sobre sua arte, em 2008, o editor disse que você precisava escolher como queria ser tratado, por *Sr.* ou *Srta.* Você tinha esperado a vida inteira por um reconhecimento como esse – ele chegou, mas com um preço. (Você escolheu *Srta.* pensando mais nos outros do que em você.) Mais ou menos na mesma época, sua ex não concordou em fazer um acordo de guarda se você marcasse "mãe" no formulário de coadoção, mas você não podia, por lei, marcar "pai". (Na época critiquei o fato de você não ter pedido a coadoção logo que seu primeiro filho nasceu, o que teria evitado esse tortuoso processo atualmente; para minha surpresa, hoje vejo que também não quero passar por isso em relação a Iggy – prefiro apostar no avanço jurídico nacional das questões LGBT e no relativo progressismo da Califórnia do que pagar dez mil dólares de taxas e deixar uma assistente social entrar na nossa casa para questionar nossos filhos e nos considerar "apropriados".) Quando visitávamos sua mãe no hospital, ela dizia o quanto estava feliz com a presença da filha; as enfermeiras olhavam em volta procurando a filha. Hoje, quando levamos Iggy ao médico, a enfermeira sempre

---

[13] Alguns tribunais nos Estados Unidos exigem que, para mudar de nome, a pessoa publique uma nota nos jornais comunicando o processo de mudança. No Brasil, exige-se que a publicação seja feita no *Diário Oficial* depois de efetivada a mudança – salvo nos casos em que é necessário preservar a identidade da pessoa. (N.T.)

diz a felicidade que é ver um pai ajudando com o bebê. *Estou fazendo um favorzão para a classe, com certeza,* você resmungava. Em compensação, há pelo menos um restaurante que não frequentamos mais porque o garçom tinha a mania de dizer "senhoras" para nossa família toda vez que colocava algum molho na mesa. *Ele acha que somos todas garotas,* meu enteado sussurrava para nós, admirado. *Tudo bem — as garotas são muito, muito legais,* você dizia. *Eu sei,* respondia ele.

Aos trinta e poucos anos, você saiu à caça de sua mãe biológica. Você não tinha muitas informações, mas acabou a encontrando: ela era uma lésbica *leather*[14] e estava sóbria havia pouco tempo – rápida, articulada, sem muito refinamento. Uma das primeiras coisas que ela disse foi que trabalhou como prostituta em Nevada. Você ofereceu algumas desculpas prováveis; ela interrompeu, dizendo que gostava do trabalho, e *o que a gente tem é para ser usado.* Na primeira conversa de vocês pelo telefone, você perguntou sobre seu pai biológico; ela suspirou: "Oh, querida, não tenho certeza". Mas quando vocês se encontraram para almoçar num Chili's, ela viu você chegando e exclamou: "Foi o Jerry!". Ela disse que você era igual ao outro filho dela, cujo pai se chamava Jerry. Ela tinha o cabelo grisalho e usava óculos redondos, batom nos lábios e calças de linho de boca larga. Ela disse que o pai (seu avô biológico) tinha acabado de morrer e havia lhe deixado um dinheirinho, que ela tinha usado para consertar uma casa rústica em San José com a namorada *butch*, com quem mantinha uma relação de idas e vindas.

---

[14] *Leather* (couro) é um termo usado para se referir às pessoas que têm como fetiche o uso de roupas e acessórios de couro. Embora a cultura do *leather* esteja mais ligada a homens gays, ela também atrai outros grupos, como lésbicas, heterossexuais e praticantes de BDSM. (N.T.)

A única coisa que ela lhe disse sobre Jerry foi que ele não era "um cara legal". Depois, disse que era violento. Ela não tinha contato com ele havia muitos anos – a última notícia que ela teve foi que ele estava morando numa ilha na costa do Canadá, usando camisetas furadas debaixo do braço para ajudar a secar a herpes. Alguns anos depois, ela disse que ele tinha morrido. Você nunca quis saber mais nada.

Seu irmão biológico, que foi criado pelo pai, era viciado havia muito tempo – quando não morava na cadeia, morava na rua. Uma vez lhe escreveu da prisão num estilo que estranhamente lembrava o seu – a mesma prosa rápida, atravessada de minúcias, densa, hilária. Sua mãe nos disse que, quando teve notícias dele pela última vez, ele tinha sido encontrado num estacionamento, inconsciente e coberto de sangue. Quando voltou a si, ele a ligou a cobrar; ela não aceitou a ligação. Ela levantou as mãos enquanto nos contava isso, dizendo: *Eu não tinha dinheiro!* Mas também a ouvimos dizer: *Não suporto ele mais.*

Você bebeu pela última vez aos 23 anos. Você já sabia.

Pode ser difícil não sabermos o suficiente sobre nossos pais. Mas também pode ser maravilhoso, você me diz. Antes de dar importância a questões de gênero, você atribuía seu interesse constante na fluidez e no nomadismo ao fato de ser adotado, e gostava disso. Achava que assim tinha escapado do medo de um dia se tornar igual a seus pais, medo que dominava a mente de muitos amigos seus. Seus pais não precisavam ser uma decepção ou um alerta genético. Podiam ser apenas duas pessoas comuns que davam o melhor de si. Você se lembra de ter tido, desde muito novo – seus pais nunca esconderam o fato de que você era adotado –, uma sensação abrangente, inclusiva e quase mística de pertencimento. O fato de que qualquer pessoa pudesse ser sua mãe biológica era espantoso, mas também empolgante. Em vez de ter sua existência ligada a apenas *uma* pessoa, você sentia sua origem no mundo inteiro – se sentia totalmente plural. Sua curiosidade foi grande o bastante para encontrar sua mãe biológica, mas depois que sua mãe de verdade morreu, você não conseguiu mais atender as ligações da biológica. Até hoje, anos depois, o interesse que você tinha de encontrá-la parece ofuscado pela memória da sua mãe e pela dor de tê-la perdido. Pelo seu desejo de vê-la de novo. Phyllis.

É muito fácil dizer: eu serei a mãe finita ou sodomítica *correta*; vou deixar meu filho saber onde começa e onde termina o eu e o não-eu, e suportar qualquer raiva decorrente disso; vou dar tudo que tenho para dar sem perder de vista *meu próprio eu*; vou fazer meu filho entender que sou uma pessoa com vontades e desejos próprios, e que com o tempo ele terá de me respeitar por elucidar esses limites, por se sentir real à medida que me conhece como real.

Mas a quem estou querendo enganar? Este livro já pode ser um grande erro. Já ouvi muita gente criticar pais que escrevem sobre a vida dos filhos quando ainda são muito novinhos. Talvez a história das origens de Iggy não seja só minha, e por isso não caberia apenas a mim relatá-la. Talvez minha proximidade temporal de sua infância tenha me levado à falsa sensação de ser proprietária da vida e do corpo dele, uma sensação que está se dissipando agora, quando ele pesa um quilo a mais do que qualquer outro bebê do planeta, e quando, ao segurá-lo, não tenho mais a sensação visceral de que ele jamais poderia ter surgido de mim.

A mãe vê nos filhos adultos que seu trabalho foi realizado e ao mesmo Eula Biss
tempo desfeito. Se isso for verdade, terei de suportar não só a
fúria, mas também meu próprio desfazer. É possível se preparar
para a própria anulação? Como minha mãe suportou? Por que
continuo a desfazê-la quando na verdade o que mais quero é
expressar meu amor por ela?

O que é bom está sempre sendo destruído: um dos principais
axiomas de Winnicott.

Pensei em escrever uma carta para Iggy antes de ele nascer,
mas embora eu conversasse muito com ele no útero, as palavras não vinham quando eu tentava lhes dar forma. Escrever para ele era como lhe dar um nome: um ato de amor,
é claro, mas também uma classificação e uma interpelação
irrevogáveis. (Talvez por isso Iggy seja chamado de Iggy: se
a territorialização é inevitável, por que não realizá-la com
um pouco de irreverência? "*Iggy*: péssima escolha, a não ser
que você queira um *rock star* ou o engraçadinho da turma",
alertava um site de nomes.) O bebê não estava separado de
mim, então qual o propósito de escrever como se ele estivesse
atravessando o mar? Eu não queria reinterpretar Linda Ha-
milton no final de *O exterminador do futuro*, que antes de partir
para o México num jipe, com uma tempestade se formando
no horizonte, grava uma fita para o filho que ainda não tinha
nascido, o futuro líder da resistência humana. Se quisermos
uma relação original com a díade mãe-filho, precisamos (por
mais triste que seja!) evitar a sedução da fantasia messiânica.
E, se seu filho for um menino branco, você precisa prestar
atenção ao que vai acontecer se criá-lo como apenas mais
um animal humano, nem mais nem menos valioso do que
qualquer outro.

Isso é deflação, mas não dispersão. Também é uma nova possibilidade.

Quando Iggy estava intoxicado e nos deitamos com ele na cama do hospital, eu soube – numa mistura de medo e pânico – o que sei agora, depois de voltarmos para o seio abençoado da saúde: o tempo que passo com ele é o mais feliz de toda minha vida. A felicidade que experimento com ele é mais palpável, inegável e absoluta do que toda felicidade que já tive. Porque não são apenas momentos de felicidade, que para mim era tudo que tínhamos. É uma felicidade que se espalha.

Por causa disso, me sinto motivada a dizer que é uma felicidade duradoura, mas sei que não vou carregá-la comigo quando eu partir. Na melhor das hipóteses, espero transmiti-la para Iggy com o intuito de que ele se sinta responsável por ela, o que, em muitos aspectos, é verdade.

Winnicott *Os bebês não se lembram de terem sido bem cuidados – eles se lembram é da experiência traumática de não serem bem cuidados o suficiente.* É possível ver nessa ideia a receita da clássica ingratidão dos filhos – *depois de tudo que eu fiz por você*, etc. Para mim, pelo menos agora, é um alívio tremendo, um estímulo para não dar a Iggy *memória nenhuma*, exceto a sensação, provavelmente inconsciente, de ter sido acolhido, de ter tido alguém que o fizesse se sentir real.

Foi isso que minha mãe fez por mim. Quase me esqueci.

E agora, acho que posso dizer–

Quero que você saiba que você foi concebido como possível – nunca como certo, mas sempre como possível – não num único instante apenas, mas durante muitos meses, até anos, de tentativa, de espera, de chamado – quando, num amor às vezes certo de si, outras vezes abalado por desorientações e mudanças, mas sempre comprometido com o entendimento cada vez mais profundo – dois seres humanos, um que felizmente não é homem nem mulher, e outro que é mulher (mais ou menos), desejaram profundamente, obstinadamente e loucamente que você existisse.

Quando Iggy sai do hospital pós-toxina, comemoramos com uma das nossas festinhas na sala, só eu e os três irlandeses, assim chamados para honrar a ligação genética de cada um deles com a linhagem irlandesa. Deixamos "Tightrope", da Janelle Monáe, tocar diversas vezes (depois de anos de metal, Harry agora conhece o Top 40, de modo que conseguimos discutir as sutilezas das músicas novas de Katy Perry, Daft Punk ou Lorde). O irmão mais velho de Iggy o segura pelas axilas e começa a rodar descontrolado enquanto a gente corre para garantir que as pernas gordinhas de Iggy não batam nas janelas ou na beirada das mesas. Como é de esperar que aconteça entre irmãos com sete anos de diferença, as brincadeiras dos dois quase sempre são violentas demais para o meu gosto. *Mas ele adora!*, diz o irmão sempre que lhe peço para tirar o cobertor pesado de cima da cabeça de Iggy para garantir que o menino não tenha uma asfixia. Mas, na maioria das vezes, ele está certo. Iggy adora. Iggy adora brincar com o irmão, e o irmão adora brincar com ele, de maneiras que eu jamais sonharia. O irmão de Iggy adora carregá-lo pelo pátio da escola, se gabando de como a cabeça do irmão é macia para o olhar alheio dos colegas. *Quem quer passar a mão na cabeça mais macia do mundo?*, diz ele, como se fosse um vendedor ambulante. Fico nervosa de ver os dois brincando, mas também sinto que acabei fazendo uma coisa absolutamente boa;

que acabei fazendo um bem absoluto para meu enteado. *Ele é meu, todinho meu*, ele diz quando pega Iggy no colo e sai correndo para outro cômodo da casa.

<small>Andrew Solomon</small> Não produza e não reproduza, disse um amigo. Mas a verdade é que não existe a reprodução, apenas atos de produção. Não <small>Deleuze/ Guattari</small> existe a falta, apenas máquinas que desejam. *Ânus voadores, vaginas em alta velocidade, não existe a castração.* Quando todas as mitologias forem deixadas de lado, nós, crianças ou não, <small>Phillips/ Bersani</small> veremos *que o chiste da evolução é ser uma teologia sem propósito, que nós, como todos os animais, somos um projeto que resulta no nada.*

Será que o nada existe mesmo, o absolutamente nada? Não sei. Sei que continuamos aqui, ninguém sabe até quando, transbordando nosso afeto, canção que nunca termina.

Agradecimentos

Apresentei trechos deste livro, em diferentes formas, como parte de uma palestra durante a *Tendencies* (evento em homenagem a Eve Kosofsky Sedgwick no Graduate Center da City University of New York, com curadoria de Tim Trace Peterson); como livreto da instalação *Puppies & Babies*, de A. L. Steiner, em 2012, publicado pela Otherwild; nas revistas *jubilat*, *Tin House* e *Flaunt*; e na antologia *After Mountaigne* (University of Georgia Press, 2015). O livro foi realizado do início ao fim com o apoio de uma bolsa literária da Creative Capital Foundation, pela qual não canso de agradecer.

Agradeço especialmente, como sempre, a PJ Mark, pela inteligência afiada e por acreditar em mim o tempo todo: sou grata e tenho muita sorte por isso. Obrigada a Ethan Nosowsky pelo apoio e profundo conhecimento editorial, e a Katie Dublinski. Pelos conselhos, pela assistência e/ou inspiração, agradeço também a Ben Lerner, Eula Biss, Tara Jane ONeil, Wayne Koestenbaum, Steven Marchetti, Brian Blanchfield, Dana Ward, Jmy James Kidd, Macarena Gómez-Barris, Jack Halberstam, Janet Sarbanes, Tara Jepsen, Andrea Fontenot, Amy Sillman, Silas Howard, Peter Gadol, A. L. Steiner, Gretchen Hildebran, Suzanne Snider, Cynthia Nelson, Andrés Gonzalez, Emerson Whitney, Anna Moschovakis, Sarah Manguso, Jessica Kramer, Elena Vogel, Stacey Poston, Melody Moody,

Barbara Nelson, Emily Nelson, Craig Tracy e a Purple Team do Children's Hospital em Aurora, Colorado.

Aos meus irlandeses: obrigada pela presença, pelo apoio, pelo amor de todos os dias. Fico muito feliz por vocês terem me encontrado.

Em memória de quem partiu durante a escrita deste livro: Phyllis DeChant (1938-2010), Eve Kosofsky Sedgwick (1950-2009), Lhasa de Sela (1972-2010) e Maximum Dodge (1993-2012). Vocês fazem falta.

Este livro não existiria sem Harry Dodge, cuja inteligência, sagacidade, perspicácia, coragem e boa vontade de ser representado tornaram possível este projeto e muitas outras coisas. Obrigada por me mostrar o que as núpcias poderiam ser – uma conversa infinita, um eterno devir.

Reprodução de uma placa de argila do século I d.C., em que Atena ajuda a construir a Argo, embarcação sem outra causa que não seja seu nome, sem outra identidade que não seja sua forma – segundo Roland Barthes.

Este livro foi composto com tipografia Bembo Std
e impresso em papel Off-White 80 g/m² na gráfica Koloro.
